LA COCINA MEXICANA

paso a paso

PANAMERICANA
EDITORIAL

Editor
Panamericana Editorial Ltda.

Diseño
Itos Vázquez

Ilustraciones
José Luis Hernanz Hernández

Fotografía
Fernando Ramajo

Selección de recetas, cocina y estilismo
Itos Vázquez

Introducción
Victoria Puerta

La cocina mexicana paso a paso / selección de recetas, cocina y estilismo Itos
  Vazquez ; ilustraciones José Luis Hernanz Hernández ; fotografía Fernando
  Ramajo ; introducción Victoria Puerta. -- Santafé de Bogotá : Panamericana
  Editorial, 1999.
  160 p. : il. ; 28 cm. -- (Sabores latinoamericanos)
  Incluye índice.
  Glosario : p. 158-159.
  ISBN 958-30-0593-2
  1.   Cocina mexicana I. Vazquez, Itos, comp. II, Hernanz Hernández, José Luis, il.
III. Ramajo, Fernando, il. IV. Puerta, Victoria V. Serie
  641.5972 cd 19 ed.
  AGP7484

       CEP-Biblioteca Luis-Angel Arango

Primera edición, Editorial Voluntad S.A., 1995
Primera edición en Panamericana Editorial Ltda., marzo de 1999
Novena reimpresión, noviembre de 2004

© De la compilación: Itos Vázquez
© Panamericana Editorial Ltda.
Calle 12 No. 34-20, Tels.: 3603077 - 2770100
Fax: (57 1) 2373805
Correo electrónico: panaedit@panamericanaeditorial.com
www.panamericanaeditorial.com
Bogotá D. C., Colombia

ISBN: 958-30-0593-2

Impreso por Panamericana Formas e Impresos S. A.
Calle 65 No. 95-28, Tels.: 4302110 - 4300355, Fax: (57 1) 2763008
Quien sólo actúa como impresor.

Impreso en Colombia   Printed in Colombia

LA COCINA MEXICANA

paso a paso

— CONTENIDO —

Prologo, 6-7

Introduccion, 8-11

Los chiles, 12-13

Salsas y Bebidas, 14-19

Recetas paso a paso, 20-141

Otras recetas, 142-157

Glosario, 158-159

Indice de recetas, 160

PROLOGO

Paco Ignacio Taibo I es Presidente de la Asociación Gastronómica de México y autor de diversos libros sobre el arte de comer, entre los que destacan los dos tomos del "Encuentro de dos fogones" y el "Breviario del Mole Poblano".

Nunca cultura alguna fue de forma tan súbita sometida al cambio y jamás de manera tan vigorosa cambió la cocina de ciertas gentes, como se transformó la de lo que hoy conocemos como México.

Llegaron los invasores y no sólo trajeron los asombrosos caballos y la pólvora, sino también el jamón, la aceituna, la vaca y el vino tinto.

De aquel encuentro en el que no todo fue sangre, sino sorpresa y entendimiento, surgió una cocina nueva, abrió paladares al asombro y creó todo un gozo gastronómico que ya se ha instalado como uno de los grandes del mundo.

La cocina mexicana no es ni una cocina autóctona, como algunos pretenden, ni un agregado a los fogones españoles. Algo distinto es y en esa distinción basa su cada día más abierto prestigio internacional.

Desgraciadamente, tal y como suele ocurrir, la fama arrastra sinsabores y ahora se multiplican también lugares en donde se anuncia comida mexicana y sólo se trata de mistificaciones y engaños.

Por lo pronto hay quién supone que comer a lo mexicano es escaldar la boca de quien come y no hay tal. Los chiles no son solamente un picor, sino también un sabor.

Hay chiles casi dulces y otros agresores. Los hay delicados y otros que sólo deben verse desde lejos.

Un chile ofrece un cierto sabor al caldo y otro lo hace tan distinto que en nada se parece al anterior.

El chile es un enemigo del buen paladar si no se le reconviene y se le instala en un punto de picor adecuado a quien lo come y no lo quiere sufrir.

Por otra parte, la cocina mexicana es tan distinta entre sí como pudiera ser la china del norte frente a la del sur o un caldo gallego enfrentado al gazpacho andaluz.

La cocina mexicana salta desde los guisos yucatecos, sabrosos y aliñados, a la carne del norte que tiene alto prestigio gracias al arte de asar de los norteños.

En el norte se asa, en el sur se aliña, en Puebla se produce el milagro del barroco culinario y en Oaxaca la maravilla de los condumios heredados que resistieron bien los embates de la cultura mundial.

La cocina mexicana es tan variada como su geografía y para el recién llegado se ofrece como un laberinto de nombres, ya que lo que aquí se llama de una forma, veinte kilómetros después de otra forma se llama.

Entre tal variedad, sin embargo, aparecen algunos platillos memorables e imprescindibles, como pudiera ser el Mole Poblano que tiene su pizca de chocolate y es más salsa que otra cosa. Pero hay tantos moles diferentes que el visitante se puede perder por el camino investigador.

Yo pienso que el mole es un producto del barroco nacional que es uno de los más bellos, deslumbrantes y fantasiosos del mundo. Un barroco que parece llevar la luz por dentro de los altares mayores.

Otro plato para no perder, es el llamado Chile en Nogada que, según la leyenda, se hizo para aplaudir a la bandera nacional. Rojo de granos de granada, verde de chile y blanco de una salsa espesa hecha con nueces peladas y machacadas, mezcladas con un queso fresco y crema.

Se dice que el Chile en Nogada fue un homenaje, también, al Emperador Iturbide, pero esto es dudoso.

Por las Riberas del Océano Atlántico se encuentran dos peces de buena memoria, el huachinango y el róbalo y del primero hacen en Veracruz un platillo que tiene resonancias gaditanas.

El Huachinango a la veracruzana lleva desde aceitunas a la alcaparra y desde el tomate rojo, a la cebolla y el chile largo.

Un invento no muy alejado en el tiempo es la Carne a la tampiqueña, que consiste en un filete aplanado y abierto que se combina con salsas, chiles, fríjoles refritos, y una enchilada de mole. Es un plato abierto a la imaginación que surgió de un restaurante de la ciudad de México y ya es una tradición en todas las cocinas.

Pero no tendría sentido alguno el olvidar los tamales que parten de la cocina de Moctezuma y es una masa de maíz fresco que se envuelve en hojas de mazorca o de plátano y se pueden rellenar de dulce o de salado.

El tamal es comida nacional y recorre el país entero en cientos de versiones y aspectos, se vende en las calles y en los restaurantes elegantes y no hay celebración nacional sin tamal.

Otro producto que está en todas partes es el fríjol, que se come refrito, casi como postre o final de banquete y del cual se hacen guisos y caldos.

En este libro se pueden encontrar las fórmulas para éstas y otras variantes del comer nacional.

Y bien puedo advertir que su lectura es entrar en experiencia singular para aquellos que no tienen gran noticia de esta cocina, tan asombrosa como sugestiva.

PACO IGNACIO TAIBO I

INTRODUCCION

Máscaras, incendiarios, plumas de quetzal, espinas de rayas usadas para sangrar, hacían parte de la gracia que acompañaba los banquetes donde se servían venados condimentados, pavos tiernos, tamales y tortillas, en los espléndidos tiempos de tribus guerreras, de hombres conocidos como los hijos del maíz, del tiempo de la leyenda que rodea las rutas que ha seguido México para ser un país en el que alimentarse, no es un simple acto de supervivencia.

La cocina mexicana no sólo ha conservado el importante legado indígena, sino que ha ido incorporando todos los ingredientes, técnicas y posibilidades, traídas por todos los personajes y situaciones que han desfilado a lo largo de los últimos cinco siglos. Un transitar que se ha visto favorecido por un paisaje excitante, lleno de contrastes, donde el mar, la montaña, las nieves y los agresivos cañones, han permitido que cada extranjero encuentre su sitio, cultive sus plantas, y se enamore de una tierra y una carta gastronómica compuesta por más de quinientos platos.

Se cuenta, o se cree, que los primeros hombres que poblaron América llegaron de Asia, cruzando el Estrecho de Bering, buscando alimento. Curiosamente en busca de la pimienta de la India llegó también Colón a tierras americanas. Lo que no imaginó fue el encuentro con un mundo primitivo y mágico. En ese exótico paisaje la cultura de la serpiente emplumada florecía bajo tres patrones alimenticios: maíz, fríjol y calabaza. A estos tres, el viejo mundo aportó el ganado y las aves de corral, el trigo, el arroz, la cebolla, el ajo, los cítricos y la caña de azúcar. A los salones europeos llegaba a cambio el chile, el chocolate y la vainilla.

Al hombre las riquezas y a Dios sus almas. Y las almas de los indios estaban comprometidas con los fenómenos de la naturaleza, con las prácticas ancestrales y los rituales que los acompañaban. Las monjas y frailes, buscando evangelizar, fueron encontrando que los ingredientes utilizados en la parafernalia mágica y cotidiana, tenían maravillosas posibilidades para la elaboración de colaciones y postres. Justamente fue en un convento, de Puebla, en el siglo XVII, donde Sor Andrea de la Asunción, inventó el famoso y emblemático Mole Poblano. Relatan las crónicas que Sor Andrea estaba obligada a crear un plato fantástico para agasajar al virrey, y entonces de su alacena escogió clavos, anís, canela, pimienta negra, y los chiles nativos: ancho, mulato, pasilla y chipotle.

Además utilizó ajos fritos, tortillas, semillas de ajonjolí, almendras, cacahuates molidos y el toque definitivo: chocolate amargo de Puebla. La mezcla fue tan deliciosa y cautivadora que trascendió las fronteras del claustro y de la ciudad, y se convirtió en uno de los platillos mexicanos por excelencia.

En los 2.700 kms que componen la zona norte, se encuentra un paisaje dominado por cadenas montañosas y ciudades industrializadas. Al lado de las altas montañas se perfilan las dunas del desierto de Baja California y los desiertos de Chihuahua y Sonora. En esa tierra agreste, los indios Menonitas viven ajenos al ritmo de los adelantos del siglo XX. Al lado de ellos, caminan los machos duros, de botas vaqueras, sombrero de ala ancha y pantalones de mezclilla. Semejante a su dureza y a su condición de hombres de frontera, es la cocina. En ella predomina la carne condimentada con chile ancho, tomate, orégano y queso correoso. Y los famosos fríjoles rancheros, preparados en fuego de leña, con hierbas y trocitos de carne. El ingrediente europeo se nota en las tortillas, que han cambiado la masa de maíz por la harina.

Si la cocina del norte se caracteriza por la austeridad, la Costa Sur del Pacífico, aislada por altas montañas y profundos valles, sobresale por poseer todas las manifestaciones del mestizaje culinario y al mismo tiempo por contar con la región "más auténticamente indígena".

En Oaxaca, tierra de los siete moles, todavía se habla zapoteco y en los hogares se consumen insectos, y los famosos moles amarillo, colorado y negro. Se dice que la comida de Oaxaca es una de las más refinadas, pues el recetario indígena se ha enriquecido con la sabiduría de la cocina del sur de España y complementado con el uso de gran variedad de nueces y especias, de frutas y, desde luego, con el mexicanísimo

Todos los recodos de México rezuman de colores picantes, de sabores dulzones, de combinaciones alucinantes, únicas, como las que se degustan a lo largo de las planicies, los volcanes, platanales y recuerdos que forman el Golfo de México. El peregrinaje conducirá inevitablemente a Tlacotalpan, donde se comen exquisitos chorizos de pescado y se escucha el cantarino rumor del río.

En el interior, rodeado por impresionantes montañas, el viajero encuentra una planicie conocida como el Bajío. Campanarios, viñedos, mujeres envueltas en sus rebozos, joyas coloniales y un extraordinario inventario gastronómico, caracterizan esta tierra, mestiza hasta la médula. La gracia del puchero, la lengua rellena y el fiambre español, se vio aumentada con la utilización de las tunas multicolores, los nopales, las almendras, el chile ancho y el empleo del pulque para sazonar.

Siguiendo nuestro recorrido, se llega por fin al centro de México, formado por ciudades de reconocida solera, como Puebla y Tlaxcala, y por pequeños poblados en los que permanece todavía la huella de los mayas. En sus parcelas crece el amaranto y el maguey.

En los fogones de la región se creó el patriótico plato que Tita, la heroína de "Como agua para el chocolate", preparó para el matrimonio de su sobrina, convirtiendo a quien lo comiera en una feliz víctima del amor. En el comal cuajaron los ingredientes de esos Chiles en nogada, que provocaron el arrebato y la necesidad de hacerlo en el "río, en las escaleras, en la farmacia, en la chimenea... en la copa de los árboles". A causa de

mezcal, trago al que se le ha añadido el gusano de maguey.

En la misma región sur, se encuentra Acapulco. En siglos pasados, este lugar era el centro de tránsito para los barcos que venían de Oriente. Allí llegaban las sedas, los caprichos y las especias, de las cuales el curry se quedó para acompañar el delicioso abanico de arroces y frutos de mar hechos con curry, vino y chiles jalapeños.

Al sur, siempre al sur, está Chiapas, con sus mercados multicolores, sus laderas sembradas de maíz, con las flores de calabaza y la presencia picantísima del "chile de los siete caldos", conocido por ser el más picante de todos los que se cultivan en México. En Chiapas, la magia está presente en las caras y maneras secretas de sus mujeres y la sabia manipulación de las hierbas que sólo en sus mercados se consiguen. Los famosos tamales de Chiapas, rellenos con flores de azahar, sólo encuentran igual en los otros que se preparan con fríjoles, camarón seco y semillas de calabaza.

los Chiles en nogada preparados bajo la sabia tutela de Tita "ese día hubo más creatividad que nunca en la historia de la humanidad".

Después de caminar de norte a sur, de probar las golosinas del día de los muertos, extasiarse con los fuertes sabores de los siete moles, de participar en una fogata en el norte, es posible que sea la hora de amarrarse un poco las riendas y hacer una larga estación en Ciudad de México. Es la capital. El centro de la diversidad. El lugar donde convergen todas las ilusiones, los secretos, los estilos, todas las formas, todos los "antojitos" de la cocina mexicana.

En las calles, los puestos de comida son una auténtica provocación. Los tamales, las quesadillas, los tacos enchilados, las tortillas, los elotes asados y los colorines de los dulces, son apenas una pequeña muestra de lo que se cuece en su interior. Los mercados ubicados estratégicamente a lo largo y ancho de la ciudad, son verdaderos templos del color y el sabor mexicano. Las cantinas, los mariachis y los antojitos callejeros, son la quintaesencia de la urbe. Por las noches, la calle hierve con los animados rumores de ciudad. Para palparlo, nada mejor que visitar la plaza Garibaldi después de la medianoche y encontrar las animadas conversaciones de los mariachis y el sabroso calor de un caldito de cola.

Este libro está hecho a la manera de México, picante y rebosante de antiguas y cuidadas recetas. En cada página se encuentra el exquisito color de sus habituales moradores, las huellas que dejó Carlota cuando trajo de Europa su propio equipo de reposteros y cocineros, las texturas y sensaciones de una olla considerada en el mundo entero. Elotes y añoranzas, chiles y canciones y, como siempre y para siempre, el calor del hogar, el molcajete y el comal, el cilantro, las semillas de calabaza, la albahaca y el tiempo para disfrutar de una cocina creada a la sombra de muchas generaciones, de innumerables historias y de una singular forma de sentir la tierra y sus elementos.

— Los chiles —

En la cocina mexicana, los chiles son un elemento insustituible. Su sabor, su aroma y su picor, le dan personalidad y vigor.

Para el cocinero, los chiles tienen dos cualidades: sabor y picor. El exceso del segundo elemento puede, a veces, ocultar el primero. Y ahí es donde está el secreto de la cocina mexicana: el dominio y el control de los chiles, saber dosificar su picor y equilibrar su sabor.

Aunque su clasificación científica los reduce a cinco especies, en el lenguaje popular las denominaciones son innumerables. El mismo chile se llama de distintas maneras según el lugar, el estado de maduración y el color, y el mismo chile cambia de nombre cuando se ha secado.

En la medicina prehispánica, los chiles se utilizaban para curar múltiples enfermedades (tos, oídos, aparato digestivo, tisis, etc.) y estas creencias perduran hoy en día, sobre todo para curar la resaca, enfermedad denominada en México "cruda".

La substancia que hace picantes a los chiles, se encuentra fundamentalmente en la parte interior, en las venas y semillas. La parte carnosa es la que tiene más sabor, por lo que debemos controlar ambos elementos dependiendo de en qué platos los vayamos a utilizar.

Los chiles se consumen tanto frescos como secos, y una de las más apreciables sutilezas de la cocina mexicana es la combinación de chiles secos y frescos para dar sabor a una salsa o platillo.

Para lograr el máximo picor, se emplea con venas y semillas. Para reducirlo parcialmente, se hierve o tuesta y después se abre y se le quitan venas y semillas. Si lo que deseamos es quitar totalmente el picor, antes de tostarlos, pelarlos o remojarlos, se abren y quitan venas y semillas. En cualquier caso, aún así, todavía es posible que piquen ligeramente.

También es importante saber que los chiles frescos se guardan en el refrigerador, en la parte menos fría, donde se conservan varias semanas y que los chiles secos,

se conservan indefinidamente en un lugar fresco y seco. Ya que las combinaciones son numerosísimas, y no hay normas o cánones establecidos, el encanto de la cocina mexicana radica precisamente en ello y origina la frustación de quien intente establecer criterios firmes y recetas indiscutibles, y basándonos en este hecho, sólo podemos hacer un breve resumen de los chiles más comunes, utilizando para ello los nombres más usuales.

Los chiles más usados son:

Chilaca: verde oscuro, largo y liso, muy picante y que cuando está seco se llama **pasilla** o **achocolatado** y cambia su color por rojo oscuro.

De agua: verde claro y que abunda en Oaxaca. Seco es llamado **chilhuacle** y tiene un color sepia oscuro.

De árbol: muy pequeño y picante, que en seco es llamado de **árbol seco** y se utiliza en polvo.

Güero: amarillo o verde claro. Aromático y muy sabroso, llamado también **caloro** y **caribe**. Cuando está seco recibe el nombre de **guajillo**, **puya**, y **colmillo de elefante**.

Habanero: uno de los más picantes que en seco se llama **rojo**.

Jalapeño, **cuaresmeño** o **gordo**: carnoso y de punta redonda, que si está seco se llama **chilpotle**, y posee un bello color rojo oscuro.

Jalapeño pequeño: de menor tamaño que el anterior pero de mayor picor. En seco se conoce por **morita**, **mora**, o **chilaile**.

Japonés: que tiene el mismo nombre fresco o seco, y es pequeño y puntiagudo.

Piquín: uno de los más conocidos. Es el más pequeño y picante, de color verde que cuando seco se torna rojo. Otros nombres con los que es conocido son **chiltepin**, **pulga**, **amash**, **enano**, **tichusni** y **guindilla**.

Poblano: grande, de color más o menos verde y que es el más popular para rellenar. Cuando seco se llama **ancho** (color aladrillado), **mulato** (rojo intenso) o **chino**.

Serrano o **verde**: pequeño y puntiagudo que seco también se llama **japonés**.

Y por último el **trompo**, esférico y pequeño también llamado **trompita** o **bola**. Cuando está seco conserva su forma y suena como un cascabel, de ahí su nombre: **cascabel** o **cora**.

SALSAS
Y
BEBIDAS

Salsa diablo

Ingredientes para 3 1/2 tazas:

20 ajíes largos (chiles pasilla) desvenados y sin semillas • 1 cebolla • 2 cabezas de ajo • 2 tazas de vinagre de sidra • 1 cucharada de orégano seco • 1 cucharada de mejorana seca • 3 hojas de laurel desmenuzadas • 5 granos de pimienta • 3 clavos de olor • 1 taza de aceite de oliva • Sal

Tostar los ajíes en una plancha junto con la cebolla y los ajos. Poner en una sartén junto con el vinagre, las hierbas, los granos de pimienta y los clavos de olor, y cocinar 20 minutos. Licuar hasta formar un puré, colar y verter de nuevo en la licuadora. Añadir el aceite y licuar de nuevo. Salar al gusto y almacenar en frasco de cristal.

Salsa mexicana

Ingredientes para 1 1/2 tazas:

3 tomates (jitomates) maduros, picados • 1/2 taza de cebolla, picada • 4-6 ajíes frescos (chiles serranos), picados • 1/2 taza de cilantro fresco, picado • 2 cucharaditas de jugo de lima • 2 cucharaditas de sal

Verter todos los ingredientes en una salsera y revolver bien. Rectificar la sazón y dejar reposar durante 1 hora antes de servir, para que se mezclen bien los sabores.

Salsa borracha

Ingredientes para 2 tazas:

4 ajíes secos (chiles pasilla), desvenados y sin semillas • 1 diente de ajo • 1 copa de pulque • 1 taza de aceite de oliva • 2 aguacates, pelados y cortados en cuadritos • 1 cucharada de cebolla finamente picada • 50 g de queso de Oaxaca seco o queso rallado • Sal

Tostar los ajíes hasta que estén bien tostados pero sin quemarse y poner en remojo durante 15 minutos. Escurrir y verter en la licuadora.
Añadir sal al gusto, el diente de ajo y el pulque. Licuar y verter en un recipiente. Agregar el aceite, los aguacates, la cebolla y el queso. Mezclar todo bien y servir.

Salsa de cacahuate

Ingredientes para 2 tazas:

5 ajíes grandes (chiles anchos) • 6 ajíes (3 chiles pasilla y 3 chiles costeños) • 2 tazas de agua caliente • 2 1/2 tazas de cacahuates pelados y sin sal • 4 dientes de ajo • 1/4 cebolla, cortada por la mitad • 1 cucharada de aceite • 1 cucharada de sal

Tostar los ajíes en una plancha, retirar las semillas, desvenar y poner en remojo en el agua caliente, durante 20 minutos. Pasar los ajíes y el agua a la licuadora, añadir los cacahuates, un trozo de cebolla y el ajo y licuar.
Calentar el aceite en una olla, añadir la cebolla restante y saltear 2 minutos. Retirarla y desechar. Agregar el puré de ají y cacahuate y cocinar 5 minutos. Salar y cocinar 10 minutos más. Si la salsa está demasiado espesa, agregar caldo de pollo o agua.

Salsa verde picante con aguacate

Ingredientes para 1 1/2 tazas:
*5 ajíes frescos verdes (chiles serranos) •
10 tomates (jitomates) verdes, pelados
• 1 diente de ajo • 1 cucharada de
vinagre • 1 ají en escabeche •
1 cucharadita de sal • 1/2 taza de
cilantro fresco, picado • 1 aguacate
pelado y cortado en cuadritos •
1/3 taza de cebolla picada*

Cocinar los ajíes con agua hirviendo
5 minutos. Añadir los tomates, cocinar
3 minutos, y licuarlos junto con el
diente de ajo, el vinagre y el ají en escabeche. Salar, agregar el cilantro y licuar ligeramente.
Verter en un recipiente, añadir el
aguacate y la cebolla, mezclar y rectificar la sazón si fuera necesario.

Salsa chipotle con queso de Oaxaca

Ingredientes para 1 taza:
*12 ajíes secos (chiles chipotle)
desvenados y sin semillas •
1 tomate (jitomate) grande, pelado •
1 diente de ajo • 1/4 taza de agua •
50 g de queso de Oaxaca •
2 cucharaditas de sal*

Tostar los ajíes y humedecerlos pero
no dejarlos en remojo.
Poner los ajíes en una licuadora, reservando unas tiritas. Añadir el tomate, el
diente de ajo, el agua y la sal y licuar.
Verter en un recipiente y decorar con
las tiritas de ají reservadas y el queso,
cortado en tiritas.

Salsa roja picante

Ingredientes para 1 1/2 tazas:
*5 ajíes (chiles serranos) • 2 tomates
(jitomates) maduros • 1 diente de ajo •
1 cucharadita de sal*

Tostar en una plancha los ajíes y el tomate, hasta que estén bien tiernos.
Pelar los tomates quitándoles toda la
piel quemada y machacar en un mortero los ajíes junto con el diente de
ajo. Cuando estén bien triturados,
añadir los tomates y continuar tritu-
rando. Incorporar la sal, verter en un
recipiente y servir.

Salsa de chile de árbol

Ingredientes para 1 taza:
*6 ajíes frescos (chiles de árbol) •
8 tomates (jitomates) verdes, pelados •
1 diente de ajo • 1/2 taza de cebolla
finamente picada • 1/3 taza de cilantro
fresco, picado • 1/2 cucharadita de sal*

Tostar los ajíes en una plancha al fuego. Deben quedar bien tostados, pero
no quemados.
Cocinar los tomates en agua salada
durante 5 minutos, y escurrir.
Licuar los ajíes junto con los tomates y
el ajo. Pasar a una salsera, añadir el cilantro y la cebolla, salar y revolver bien.
Rectificar la sazón si fuera necesario.

Horchata de arroz

Ingredientes para 6-8 personas:

2 tazas de arroz de grano largo, remojado durante 2 horas • 4 tazas de agua • 2 astillas de canela de 10 cm cada una • 2 tazas de leche • Azúcar

Desmenuzar la canela y tostarla en una pequeña sartén al fuego.
Licuar el arroz, escurrido, junto con la canela y la leche. Verter la mezcla en una jarra y añadir el agua. Agregar azúcar al gusto y servir.

Agua de Jamaica

Ingredientes para 6-8 personas:

2 tazas de flores de Jamaica, secas bien limpias • 10 tazas de agua • 3/4 taza de azúcar

Poner las flores en un recipiente, añadir 6 tazas de agua y cocinar hasta que comience a hervir. Bajar el fuego y cocinar 10 minutos. Retirar del fuego y dejar reposar unos 20 minutos. Colar el líquido sobre una jarra, diluir con el agua restante, añadir el azúcar, y revolver bien. Servir bien fría.

De izquierda a derecha: Agua de Jamaica, Rompope, Horchata de arroz y Agua de limón.

Agua de limón

Ingredientes para 5-6 personas:

4 tazas de agua • 1/2 lb de azúcar • 3 limones

Diluir en una jarra el azúcar en el agua y agregar el jugo de los limones y un poco de cáscara rallada, al gusto. Incorporar un poco de hielo picado, revolver y servir.

Rompope

Ingredientes para 8-10 personas:

6 clavos de olor • 1 astilla de canela de 10 cm • 2 tazas de ron, o al gusto • 6 tazas de leche • 2 1/2 tazas de azúcar • 1/2 taza de almendras molidas • 15 yemas de huevo • 1/4 cucharadita de nuez moscada rallada

Poner los clavos, la canela y el ron en un recipiente, y dejar marinar 24 horas. Cocinar la leche y el azúcar en un recipiente grande. Añadir las almendras y cocinar a fuego lento durante 5 minutos. Retirar del fuego y reservar.

Batir las yemas de huevo hasta que estén espumosas. Añadir 1 taza de la leche preparada y mezclar. Incorporar esta mezcla a la leche y cocinar a fuego bajo, revolviendo constantemente, durante 10 minutos o hasta que espese.

Retirar los clavos y la canela del ron, y verterlo sobre la mezcla preparada, revolviendo bien.
Salpicar cada copa con una pizca de nuez moscada, y servir a temperatura ambiente o fría.

Tequila con sangrita

Ingredientes para 4 personas:

*2 ajíes grandes (chiles anchos), sin semillas •
2 cucharadas de cebolla finamente picada • 2 tazas de jugo
de naranja • El jugo de 1 lima pequeña • Sal*

Poner en remojo los ajíes en agua caliente durante 20 minutos. Retirar del agua y escurrir.

Pasar los ajíes a una licuadora junto con los ingredientes restantes y licuar hasta que se forme un puré. Si estuviera demasiado espeso, puede añadir un poco de jugo de lima y de naranja.

Servir con tequila.

Esmeralda

Ingredientes para 4 personas:

*3/4 tazas de tequila blanco • 10 cucharadas de crema verde
de menta • 2 1/2 tazas de Seven-up*

Verter el tequila y la crema verde en un vaso mezclador con hielo.

Agitar, repartir en cuatro vasos con hielo y terminar de llenar con Seven-up.

*De izquierda a derecha: Tequila con sangrita,
Margarita, Esmeralda y Tequila sunrise.*

Margarita

Ingredientes para 6 personas:

*4 ó 5 tazas de hielo triturado • 1/2 taza de tequila blanco •
1/4 taza de cointreau • El jugo de 4 limas • 1 1/2
cucharaditas de sal*

Licuar todos los ingredientes excepto la sal. Poner la sal en un platito. Humedecer las copas con jugo de lima, invertirlas y apoyarlas sobre la sal para que todo el borde quede cubierto. Llenar las copas con la mezcla licuada y servir.

Tequila sunrise

Ingredientes para 4 personas:

*10 cucharadas de tequila blanco • 8 cucharadas de crema de
cassis • 2 cucharadas de jugo de limón • 4 cucharadas de
jugo de naranja*

Poner hielo picado en un vaso mezclador.

Agregar todos los ingredientes, mezclar durante 15 segundos y colar sobre las copas.

RECETAS
PASO A PASO

— Sopa verde —

Ingredientes para 4 personas:

8 tazas de agua
1 trozo de cola de pescado
Cabeza y espina de pescado
3 zanahorias
2 hojas de laurel
Un trozo de puerro
1 nabo pequeño
1 cebolla pelada y cortada en 4
Un ramillete de perejil fresco
1 cubito de caldo de pescado (opcional)
1 copa de vino blanco
5-6 granos de pimienta negra
Sal
4 limones para acompañar

Para la salsa:

4 ajíes verdes (chiles poblanos) desmenuzados y picados
1 taza de perejil fresco picado
1 taza de cilantro fresco picado
1 cucharada de epazote
1 cebolla blanca picada
4 dientes de ajo enteros
2 cucharadas de aceite de oliva
2 cucharadas de mantequilla
Sal y pimienta
30 camarones medianos

Hervir el agua en una olla grande y poner la cabeza, la espina y la cola de pescado a cocinar. Añadir todas las verduras, previamente peladas y cortadas en trozos, junto con el cubito de caldo, si lo utiliza, los granos de pimienta, el vino y sal al gusto. Cocinar durante 1 hora a fuego lento, retirar del fuego y dejar enfriar.

Colar el caldo y apartar las verduras. Licuar la mitad de las mismas y agregar al caldo, reservando 1 taza del mismo para preparar la salsa. Revolver y calentar hasta que esté a punto de ebullición.

Mientras tanto, preparar la salsa. Verter en una licuadora el caldo reservado y todos los ingredientes, excepto las grasas, y molerlos.

Calentar el aceite y la mantequilla en una cacerola, añadir todos los ingredientes licuados y cocinar hasta que espesen. Sazonar con sal y pimienta, agregar los camarones y cocinar 10 minutos. Añadir el caldo con verduras, corregir la sazón y cocinar a fuego lento durante 20 minutos.

Servir en una sopera, decorándola con rodajas de limón.

1. Calentar el agua, añadir todos los ingredientes y cocinar 1 hora.

2. Colar el caldo. Licuar la mitad de las verduras y agregar al caldo.

3. Cocinar la salsa y cuando espese, añadir los camarones.

4. Incorporar el caldo y cocinar todo junto 20 minutos.

— Sopa de verduras —

Ingredientes para 4 personas:

2 zanahorias

1 papa

2 mazorcas de maíz (elotes)

1/2 taza de habichuelas verdes (ejotes)

6 tazas de caldo de pollo

1 hueso poroso de res

1/2 taza de alverjas (chícharos)

2 tomates (jitomates) grandes

1 cebolla pequeña, pelada

2 dientes de ajo, pelados

Ají (chile serrano) al gusto

Unas ramitas de perejil fresco

Aceite para freír

Sal

Limpiar las zanahorias y cortarlas en cuadritos. Pelar las papas y cortarlas en cuadritos. Cortar las mazorcas en rodajas y en trocitos las habichuelas y verter todo en una cazuela con el caldo de pollo, junto con las alverjas y el hueso de res. Cocinar a fuego lento durante 10 minutos.

Mientras tanto, licuar los tomates junto con la cebolla y los dientes de ajo y freír en una sartén con el aceite caliente. Incorporar el sofrito a la cazuela, revolver y cocinar 10 minutos más.

Picar el ají y el perejil. Añadirlos a la cazuela, sazonar al gusto y cocinar hasta que las verduras estén tiernas.

1. Cortar en trocitos las verduras, y lavar las alverjas.

2. Verter en una cazuela con el caldo de pollo y el hueso de res.

3. Licuar los tomates junto con la cebolla y los ajos.

4. Picar el ají y el perejil e incorporar a la cazuela.

— Sopa de ostiones —

Ingredientes para 6 personas:

12 ostras (ostiones)
3 cucharadas de aceite
1 cebolla muy picada
4 dientes de ajo, picados
6 tomates (jitomates), pelados y picados
1 cucharada de orégano, tomillo y mejorana molidos y mezclados
2 hojas de laurel
1 taza de caldo de pescado
1 taza de agua
2 cucharadas del líquido de ajíes (chiles chipotles) en escabeche
1 cucharadita de salsa Worcestershire
Pan en rebanadas
Sal y pimienta

Abrir las ostras, separarlas de las conchas y reservar por separado su líquido y las ostras.

Calentar el aceite en una cazuela y freír la cebolla y los ajos lentamente, hasta que estén transparentes. Agregar los tomates y freír 5 minutos. Incorporar las hierbas y cocinar a fuego lento durante 40 minutos. Añadir el líquido de abrir las ostras, el caldo y el agua y cocinar 10 minutos más.

Pasar todo por el chino o pasapurés, poner de nuevo en la cazuela, agregar el líquido de los ajíes y la salsa Worcestershire, y corregir la sazón.

Por último, 10 minutos antes de servir, incorporar las ostras y cocinar 3 ó 4 minutos hasta que las orillas comiencen a curvarse. No deben cocer demasiado o se pondrán duras y correosas. Colocar las rebanadas de pan en la sopera y verter la sopa sobre ellas.

1. Freír la cebolla hasta que esté transparente.

2. Incorporar los tomates, las hierbas, el caldo y el agua.

3. Pasar por el chino y agregar el líquido de los ajíes y la salsa Worcestershire.

4. Colocar las rebanadas de pan en una sopera y verter la sopa sobre ellas.

— Pozole —

Ingredientes para 4 personas:

4 tazas de maíz (cacahuacintle) descabezado

1 cabeza de ajo

1 cebolla

4 trozos de cabeza de cerdo

4 trozos de codillo de cerdo

2 pezuñas de cerdo, en trozos

1 pechuga de pollo

6 ajíes (chiles guajillo) secos

2 hojas de laurel

Sal

Para acompañar:

1 lechuga

2 cebollas

4 rábanos

2 limones

Ajíes

Tortillas

Aguacates

Poner el maíz en una cacerola junto con la cebolla y la cabeza de ajos. Cubrir con 10 tazas de agua y cocinar 10 minutos.

Añadir las carnes y la pechuga de pollo, sazonar y cocinar hasta que estén tiernas. Retirar del fuego, cortar en trozos las carnes y reservarlas.

Desvenar los ajíes, remojarlos y licuar. Agregarlos a la cazuela, junto con el laurel y cocinar hasta que el maíz esté tierno.

Mientras tanto, picar la lechuga, las cebollas, los rábanos y los limones.

Servir el pozole y en plato aparte las carnes troceadas. Acompañar todo con las verduras picadas, tortillas y aguacate.

1. Cocinar el maíz en agua junto con la cebolla y los ajos.

2. Agregar las carnes y la pechuga de pollo.

3. Cortar en trozos las carnes y reservar calientes.

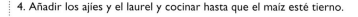

4. Añadir los ajíes y el laurel y cocinar hasta que el maíz esté tierno.

5. Picar las verduras para acompañar.

— Sopa de lima —

Ingredientes para 6 personas:

1 pechuga de pollo
8 tazas de agua
3 dientes de ajo
1/2 cebolla
3 ramitas de cilantro fresco
1/2 cucharadita de comino
1 astilla de canela
2-3 clavos de olor
Unas ramitas de orégano seco
1 cucharada de aceite
1 cebolla roja, picada
3 cucharadas de pimienta verde
1 lb de tomates (jitomates), pelados y picados
6 limas
4 higaditos de pollo
1 aguacate cortado en rebanadas

2. Tostar las especias en una plancha.

Poner en una olla la pechuga, el agua, los ajos, la cebolla, el cilantro y sal y cocinar hasta que la pechuga esté tierna.

Mientras tanto, tostar en una plancha el comino, la canela, los clavos de olor y el orégano, verterlos en la licuadora con media taza del caldo de pollo y licuar.

A continuación, calentar el aceite en una cacerola y freír la cebolla roja hasta que esté transparente. Añadir la pimienta verde y cocinar 2 minutos. Incorporar los tomates y cocinar durante 10 minutos, revolviendo.

Seguidamente, agregar las especias licuadas y el caldo de pollo y cuando comience a hervir, añadir 2 limas cortadas en rebanadas, la pechuga, cortada en tiritas y los higaditos. Tapar y cocinar lentamente 10 minutos más.

Por último, rectificar la sazón, poner una rebanada de lima en cada plato y verter la sopa encima. Servir el aguacate y las limas restantes en plato aparte.

3. Freír el tomate y agregarle las especias y el caldo.

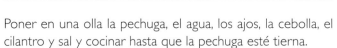

1. Cocinar la pechuga hasta que esté tierna.

4. Verter la sopa en platos, sobre una rebanada de lima.

— Chilaquiles rojos con pollo —

Ingredientes para 4 personas:

12 tortillas frías

1 tomate (jitomate)

2 ajíes grandes (chiles anchos), secos

1 ají (chile de árbol)

1 diente de ajo

1/2 pechuga de pollo cocida

1 cebolla en aros

1/2 lb de queso fresco

4 cucharadas de crema de leche

Aceite o manteca para freír

Sal

Cortar las tortillas en cuadritos o triángulos y freírlas en el aceite o manteca hasta que se doren. Dejarlas escurrir y reservar.

Asar el tomate y tostar ligeramente los ajíes anchos; poner en remojo un rato en agua y licuarlos junto con el tomate asado y pelado, el ají de árbol, el diente de ajo y sal. Poner 3 cucharadas de la grasa de freír las tortillas, en una sartén y freír el tomate licuado. Añadir la pechuga desmenuzada y las tortillas y revolver.

Verter todo en un recipiente refractario al fuego y colocar por encima los aros de cebolla, y en el centro el queso, desmenuzado, y por último, rociar con la crema de leche. Apagar el fuego y tapar el recipiente hasta el momento de servir.

2. Licuar el tomate junto con los ajíes y el ajo y freírlos.

3. Añadir la pechuga, las tortillas y la cebolla.

4. Poner en el centro el queso y rociar con la crema de leche.

1. Cortar en cuadritos o triángulos las tortillas y freírlas.

Tacos de chorizo y papa

Ingredientes para 4 personas:
12 tortillas	
3 papas grandes	
2 chorizos	
Aceite para freír	

Cocinar las papas en agua con sal hasta que estén tiernas. Pelar y cortar en trozos no muy pequeños.

Mientras cuecen las papas, pelar los chorizos, cortarlos en trocitos y freír en un poco de aceite.

Añadir a los chorizos fritos las papas y revolver con cuidado para que se mezclen los sabores.

Por último, rellenar las tortillas con la mezcla, y servir acompañadas de salsa picante o ajíes.

1. Cocinar y cortar en trozos las papas.

2. Freír los chorizos, pelados y picados.

3. Mezclar las papas con los chorizos.

4. Rellenar las tortillas y servir con salsa picante.

— Tortitas de tuétanos —

Ingredientes para 6 personas:

Para las tortitas:

1 taza de agua

3 ajíes (chiles anchos) desvenados y sin semillas

1 1/2 lb de masa de tortillas

3 cucharadas de harina de trigo

1 lb de huesos de caña, cocidos

Aceite vegetal

Sal y pimienta negra recién molida

Para el relleno:

3 tomates (jitomates) pelados

1 cebolla cabezona

1 ají (chile serrano), sin semillas

1/2 cucharada de cilantro seco molido

1/2 cucharada de aceite vegetal

1/2 cucharada de vinagre

2 aguacates grandes pelados

Sal

Poner a hervir el agua con los ajíes y cuando comience la ebullición, retirar del fuego y dejar reposar unos minutos. Pasar los ajíes por la licuadora junto con 2 cucharadas del agua de cocerlos, y mezclarlos con la masa, la harina, el tuétano de los huesos, sal y pimienta, hasta formar una mezcla homogénea. Formar las tortitas y freír en aceite bien caliente.

A continuación, picar todos los ingredientes del relleno, mezclar bien y servir las tortitas en una fuente, con una cucharada de relleno sobre cada una.

1. Mezclar todos los ingredientes de las tortitas hasta formar una masa homogénea.

2. Formar las tortitas con la masa preparada, dándoles forma redondeada con los dedos.

3. Calentar abundante aceite en una sartén al fuego, freír las tortitas y reservar.

4. Picar los ingredientes del relleno, mezclar bien y poner una cucharada del mismo sobre cada tortita.

— Enchiladas rojas —

Ingredientes para 4 personas:

12 tortillas chicas
1 cebolla
1/2 taza de queso cortado en tiritas finas
6 ajíes (chiles anchos)
2 dientes de ajo
Una pizca de pimienta
1 astilla de canela
2 clavos de olor
5 rabanitos
1 lechuga picada
Aceite para freír
Sal

Picar la cebolla, mezclar con el queso cortado en tiritas, y reservar.

Poner los ajíes en remojo, una vez limpios, y licuarlos junto con los dientes de ajo, las especias, sal y un poco del agua del remojo.

A continuación, calentar el aceite, pasar las tortillas por la salsa de ají y freírlas.

Por último, rellenar con la mezcla de queso y cebolla, doblarlas y colocarlas en un platón o fuente.

Servir decoradas con los rabanitos y la lechuga picada.

1. Picar la cebolla y mezclar con el queso.

2. Poner en remojo los ajíes.

3. Pasar las tortillas por la salsa de ají.

4. Freír las tortillas en aceite caliente.

5. Rellenar las tortillas fritas con el queso y la cebolla, mezclados.

— Tacos de pollo —

Ingredientes para 4 personas:

12 tortillas
1 pechuga de pollo
1/2 taza de leche
1/2 taza de crema de leche, batida
1 taza de requesón
Aceite para freír
Sal

Para acompañar:

Salsa roja picante
Salsa verde picante

Cocinar la pechuga en agua con sal hasta que esté tierna, retirar del caldo, dejar enfriar y desmenuzarla con los dedos. Rellenar las tortillas con el pollo y enrollar, formando los tacos. Freír en aceite caliente hasta que estén dorados y colocar en una fuente.

Agregar un poco de leche a la crema batida, para que quede menos compacta, y rociarla por encima de los tacos. Verter por encima el requesón desmenuzado y servir con las salsas, al gusto.

1. Desmenuzar la pechuga cocida.

2. Rellenar las tortillas, enrollarlas y freírlas.

3. Suavizar la crema batida con un poco de leche y verter sobre las tortillas.

4. Verter sobre las tortillas el requesón desmenuzado, y servir con salsa al gusto.

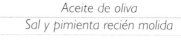
— Tacos de tártara —

Ingredientes para 4 personas:
8 tortillas de maíz
1 lb de carne muy magra de res, cortada en trocitos
1 cebolla
3 ajíes (chiles serranos)
1/2 taza de cilantro fresco
3 tómates (jitomates)
Salsa Worcestershire al gusto
Limones
Aceite de oliva
Sal y pimienta recién molida

Moler la carne en una picadora y poner en un plato.
Picar muy fino la cebolla, los ajíes, el cilantro y los tomates.
Añadir todos los ingredientes picados a la carne, aderezar con la salsa Worcestershire, jugo de limón, aceite, sal y pimienta al gusto y cuando todo esté bien mezclado, poner sobre tortillas de maíz y servir decorándolas al gusto.

1. Moler la carne en una picadora.

2. Picar todos los ingredientes.

3. Mezclar todos los ingredientes picados, con la carne molida y aderezar.

4. Verter la mezcla sobre tortillas de maíz y servir decorándolas al gusto.

— Guacamole —

Ingredientes para 6 personas:
2 aguacates grandes
El jugo de 2 limones
1 tomate (jitomate) pelado y picado
2 ajíes (chiles serranos), picados
2 ramitas de cilantro fresco, picado
1 cebolla finamente picada
Sal
Tortillas de maíz para acompañar

Cortar los aguacates por la mitad, quitar el hueso y verter toda la pulpa en un recipiente de barro o de cristal. Machacarla con un mazo y agregar el jugo de limón para que no se ennegrezca.

Añadir el tomate y los ajíes y mezclar. Incorporar el cilantro y la cebolla, sazonar y revolver todo bien.

Servir con tortillas de maíz, cortadas en trozos.

3. Añadir el tomate y los ajíes mezclando bien.

1. Verter la pulpa de los aguacates en un recipiente.

2. Machacar la pulpa con un mazo, agregándole jugo de limón.

4. Incorporar la cebolla y el cilantro y sazonar. Servir con tortillas.

— Tacos de machaca —

Ingredientes para 6 personas:

2 dientes de ajo
1 cucharada de orégano
El jugo de 1 limón
1 1/2 lb de carne de res
4 cucharadas de aceite
1 cebolla pequeña, pelada y picada
12 tortillas de maíz
Sal y pimienta molida

Picar los dientes de ajo y mezclar en un recipiente con el orégano, el jugo de limón y sal y pimienta. Verter sobre la carne y dejar marinar durante 6 ó 7 horas, dándole la vuelta de vez en cuando. Calentar 2 cucharadas de aceite en una sartén de fondo grueso y freír la carne, lentamente, hasta que esté hecha por dentro. Dejar enfriar y desmechar.

En otra sartén, calentar el aceite restante, y freír la cebolla hasta que esté transparente, agregar la carne deshilachada y freír unos minutos. A continuación, asar las tortillas en una plancha, por ambos lados, y rellenarlas con la mezcla de carne y cebolla preparada. Servir con ensalada y aguacate.

1. Marinar la carne durante 6 ó 7 horas y freírla.

2. Freír la cebolla e incorporar la carne, previamente desmenuzada.

3. Asar las tortillas en una plancha.

4. Rellenar las tortillas con la machaca y servir con ensalada.

— Flautas —

Ingredientes para 6 personas:

1 lb de carne de cerdo
2 cebollas
2 hojas de laurel
3 tomates (jitomates) picados
2 cucharadas de almendras picadas
1 cucharadita de perejil fresco, picado
24 tortillas finas
Aceite para freír
Sal

Poner en una olla la carne junto con 1 cebolla, las hojas de laurel y sal. Cubrir con agua y cocinar a fuego medio hasta que esté tierna.

Mientras tanto, preparar un sofrito con la cebolla restante finamente picada y los tomates.

Cuando la carne esté tierna, retirarla del caldo y desmechar.

A continuación, añadirla al sofrito preparado, incorporar las almendras y el perejil y mezclar todo bien.

Seguidamente, poner las tortillas, de 2 en 2, rellenarlas con el preparado y enrollar.

Por último, freír las flautas en aceite hasta que estén bien doradas y servir decoradas al gusto.

1. Poner la carne en una olla con 1 cebolla, laurel y sal, cubrir con agua y cocinar.

2. Cuando la carne esté tierna retirar de la olla y desmecharla.

3. Preparar un sofrito con la cebolla restante y los tomates, añadir la carne y los ingredientes restantes y rellenar las tortillas.

4. Enrollar las tortillas, y freír en aceite hasta que estén bien doradas. Servir decoradas al gusto.

— Tamales chiapanecos —

Ingredientes para 16 personas:

4 ajíes grandes (chiles anchos) sin semillas
2 ajíes pequeños (chiles pasillas) sin semillas
50 g de almendras
100 g de pasas
2 cucharadas de ajonjolí
2 dientes de ajo
Una pizca de orégano en polvo
3 tomates (jitomates) pelados y picados
1 cebolla
2 pechugas de pollo
1/2 lb de carne de cerdo, en trocitos
1/2 lb de manteca
2 lb de masa de maíz para tortillas (mixtamal)
Aceite para freír
Hojas de plátano
Sal y pimienta

Quitar la nervadura a las hojas de plátano y hervir ligeramente para que se ablanden. Retirar y reservar.

Freír por separado los ajíes, las almendras, las pasas, y los dientes de ajo, verter en una licuadora junto con el ajonjolí y el orégano, licuar todo junto y reservar.

Preparar un sofrito con los tomates y la mitad de la cebolla, muy picada. Salar y mezclar con el preparado anteriormente licuado.

Mientras tanto, cocinar la pechuga y la carne con la cebolla restante y cuando estén tiernas, desmecharlas y añadirlas al sofrito.

A continuación, batir la manteca hasta que esponje, incorporarla a la masa y batir hasta que al poner una bolita de masa en un vaso de agua, ésta flote.

Seguidamente, cortas las hojas de plátano en cuadros de unos 20 centímetros. Colocar en el centro una capa de masa, añadir una cantidad generosa de relleno y cerrar los tamales con los extremos de la hoja, procurando que queden cuadrados, y amarrar con una tirita de hoja de plátano. Cocinar al vapor, a fuego alto, durante 1 hora aproximadamente.

1. Hervir las hojas de plátano para que se ablanden.

2. Freír los tomates y la cebolla y mezclar con el preparado licuado.

3. Añadir las carnes, cocinadas y desmechadas, y mezclar todo bien.

4. Batir la manteca y mezclar con la masa.

5. Poner una capa de masa sobre las hojas de plátano y añadir una cantidad generosa de relleno.

6. Doblar los tamales con los extremos de la hoja, procurando que queden cuadrados, atar y cocinar al vapor.

— Huevos con atún —

Ingredientes para 6 personas:

4 huevos
3 papas
2 tomates (jitomates)
1 cebolla pequeña
1 diente de ajo
1 lata de atún o 150 g de atún fresco cocinado

Ají (chile serrano) al gusto
Aceite para freír
Sal
Tortillas para acompañar

Pelar las papas, cortarlas en cuadritos y freír en abundante aceite hasta que se ablanden. Retirar y reservar.

Picar los tomates, la cebolla y el ajo, y freír en una sartén hasta obtener una salsa. Salar e incorporar las papas fritas y el atún desmenuzado y mezclar bien. Seguidamente, batir los huevos con el ají cortado en trocitos. Salar y agregar a la sartén, revolviendo hasta que cuajen. Servir con tortillas.

1. Cortar las papas en cuadritos y freír hasta que estén blandas.

2. Hacer una salsa con los tomates, la cebolla y el ajo.

3. Agregar las papas fritas y el atún.

4. Batir los huevos con el ají y cocinar hasta que cuajen.

— Huevos ahogados —

Ingredientes para 4 personas:

4 huevos
1/2 taza de arroz
2 tomates (jitomates)
1/2 cebolla mediana
2 dientes de ajo
1 cucharada de cilantro fresco, picado
1 ají (chile maresmeño)
8 tazas de agua
Aceite para freír
Sal

Lavar el arroz y mientras escurre, asar los tomates, la cebolla y los dientes de ajo.

A continuación, licuar los tomates, la cebolla y los ajos y verter en una cazuela de barro con un poco de aceite, y freír durante unos minutos.

Añadir el arroz, el cilantro, el ají cortado en rodajitas y el agua.

Salar y cocinar durante 20 minutos o hasta que el arroz esté casi en su punto.

Por último, cascar los huevos sobre la cazuela, dejar al fuego hasta que cuajen y servir.

1. Lavar y escurrir el arroz.

2. Asar los tomates, la cebolla y los ajos. Licuar y freír.

3. Añadir el arroz, el cilantro, el ají y agua.

4. Cascar los huevos, cuajar y servir.

— Huevos rancheros —

Ingredientes para 4 personas:

4 huevos
4 tomates (jitomates)
1 trozo de cebolla
1 diente de ajo
Ají (chile serrano) al gusto
4 tortillas
1 cucharada de cilantro fresco, picado
Aceite para freír

1/2 taza de queso fresco
Sal y pimienta

Asar los tomates, pelarlos y licuar junto con la cebolla, el diente de ajo y ají al gusto. Verter en una sartén, sazonar con sal y pimienta y freír.

Calentar aceite, freír las tortillas, dejarlas escurrir y pasarlas por al salsa de tomate.

A continuación, freír los huevos y poner una tortilla en cada plato, sobre ésta un huevo y salpicar con cilantro.

Por último, añadir un poco de salsa de tomate a cada plato, espolvorear con un poco de queso fresco desmenuzado, y servir decorado con aros de cebolla o al gusto.

1. Freír los tomates junto con la cebolla, el ajo y ají al gusto.

2. Freír las tortillas en aceite y pasarlas por la salsa de tomate.

3. Freír los huevos y ponerlos sobre las tortillas.

4. Añadir la salsa, y espolvorear con cilantro y queso fresco.

— Fríjoles borrachos —

Ingredientes para 6 personas:

1 libra de fríjoles pintos

1 cebolla pelada y cortada por la mitad

5 dientes de ajo, enteros

1 cucharada de aceite

2 tazas de cerveza

Sal

Para la salsa:

4 cucharadas de aceite

3 tomates (jitomates)

1 cebolla grande, picada

4 ajíes (chiles serranos), picados

Un manojo de cilantro

Sal

Poner los fríjoles en remojo el día anterior. Escurrirlos, ponerlos en una olla bien cubiertos con agua, añadir la cebolla, los ajos, el aceite y sal y cocinar durante 1 1/2 horas o hasta que los fríjoles estén casi tiernos, añadiendo más agua durante la cocción, si fuera necesario.

Mientras tanto, picar los tomates. Freír la cebolla en el aceite y cuando esté ligeramente dorada, añadir los tomates, los ajíes y el cilantro. Salar y freír.

A continuación, agregar la salsa a los fríjoles cocinados, rociar con la cerveza, rectificar la sazón y cocinar hasta que los fríjoles estén bien tiernos.

Por último, verter en un platón o fuente y servir con tortillas y arroz blanco.

1. Cocinar los fríjoles con la cebolla, los ajos, el aceite y sal.

2. Picar los tomates y freír con la cebolla, el cilantro y los ajíes.

3. Añadir la salsa a los fríjoles cocinados.

4. Rociar con la cerveza y cocinar hasta que los fríjoles estén tiernos.

— Rosca de fríjol —

Ingredientes para 4 personas:

4 tazas de fríjoles cocidos, licuados

2 dientes de ajo picados

1 cebolla picada

2 tomates (jitomates) pelados y picados

1 cucharada de harina de trigo

1/4 de cucharadita de orégano en polvo

1 1/2 cucharadas de miga de pan desmenuzada

2 aguacates pelados y picados

2 1/2 cucharadas de cilantro fresco picado

2 ajíes (chiles serranos), picados

Aceite vegetal

Sal y pimienta negra recién molida

Freír los ajos y la mitad de la cebolla en un poco de aceite y cuando estén transparentes, añadir un tomate, la harina, el orégano y sal y pimienta al gusto. Freír, revolviendo continuamente durante 10 minutos.

Incorporar el puré de fríjoles y sofreír hasta que se forme una pasta seca.

Seguidamente, engrasar con aceite las paredes de un molde de corona, es- polvorear con la miga de pan y relle- nar con la pasta de fríjoles. Introducir el molde en el horno, precalentado a 180° C (350° F) y cocinar hasta que los fríjoles se desprendan de la pared del molde. Desmoldar en una fuente y reservar.

Por último, triturar y mezclar bien los aguacates con el tomate y la cebolla restantes, el cilantro y los ajíes, sazo- nar con sal y pimienta y verter la salsa alrededor de la rosca. Decorar con tomate y lechuga, o al gusto.

1. Freír los ajos y la cebolla, y agregar un tomate, la harina y el orégano.

2. Añadir el puré de fríjoles y cocinar hasta que se forme una pasta.

3. Verter la mezcla preparada en un molde de corona, salpicado con miga de pan.

4. Preparar la salsa de aguacate con el tomate y cebolla restantes, el cilantro y los ajíes.

— Arroz a la mexicana —

Ingredientes para 6 personas:

2 tazas de arroz de grano largo
2 tomates (jitomates) medianos
1/4 de taza de aceite
4 dientes de ajo, pelados
1/4 de cebolla, troceada
4 tazas de caldo de pollo
1 ramita de perejil fresco
4 ajíes (chiles serranos)
2 zanahorias, picadas gruesas
50 g de alverjas (chícharos)
Sal

Poner el arroz en un recipiente con agua templada y dejar reposar durante 5 minutos. Aclarar y escurrir.

Triturar los tomates en la licuadora y pasar por el chino.

A continuación, calentar el aceite en una olla y freír los ajos y la cebolla durante 3 minutos. Agregar el arroz y cocinar revolviendo hasta que esté transparente.

Añadir los tomates licuados y cocinar 5 minutos. Incorporar todos los ingredientes restantes y cocinar a fuego lento durante 20 minutos o hasta que el arroz esté en su punto. Dejar reposar 5 minutos antes de servir.

3. Freír la cebolla y los ajos. Añadir el arroz y cocinar.

4. Agregar los tomates licuados y cocinar 5 minutos.

1. Poner el arroz en agua templada 5 minutos.

2. Licuar los tomates y pasarlos por el chino.

5. Incorporar todos los ingredientes restantes y cocinar.

— Budín de calabacitas —

Ingredientes para 6 personas:

I lb de calabacitas
I huevo
I taza de queso Cheddar, rallado
I taza de galletas saladas, trituradas
4 cucharadas de mantequilla
Nuez moscada
Sal y pimienta

Cortar las calabacitas en cuadritos y cocinar en agua caliente con sal, hasta que estén tiernas. Escurrirlas y triturarlas en un recipiente.

A continuación, añadir el huevo, la mitad del queso, las galletas trituradas y la mantequilla, y mezclar todo bien. Sazonar con sal y pimienta, rallar un poco de nuez moscada por encima y mezclar bien.

Verter en un molde refractario, espolvorear por encima el queso restante y poner en el horno, previamente calentado a 180° C (350° F) durante 15 ó 20 minutos, hasta que el budín cuaje. Servir en el mismo recipiente.

1. Cortar las calabacitas en cuadritos y cocinar en agua con sal hasta que estén tiernas.

2. Triturarlas y mezclar con el huevo, la mitad del queso y las galletas trituradas.

3. Rallar por encima un poco de nuez moscada, sazonar con sal y pimienta y mezclar bien.

4. Verter en un molde, espolvorear con el queso restante y hornear 15 ó 20 minutos.

— Arroz verde —

Ingredientes para 4 personas:

1 1/2 tazas de arroz
6 pimentones verdes (chiles poblanos)
3 1/2 tazas de caldo de gallina
1 trozo de cebolla
1 diente de ajo
1 ramita de cilantro
Aceite para freír
1 huevo cocido y picado
Sal

Asar, pelar y desvenar los pimentones. Licuar 5 de ellos junto con 1/2 taza de caldo, la cebolla y el diente de ajo, y reservar.

Calentar aceite en una olla y dorar el arroz, revolviendo. Añadir los pimentones licuados sobre el arroz y cuando comience a hervir agregar el caldo restante y el cilantro. Salar y cocinar hasta que el arroz esté tierno y haya consumido el líquido. Si fuera necesario, añadir un poco de agua.

Cortar el pimentón restante en tiras, decorar con ellas el arroz, y terminar con el huevo picado.

1. Licuar los pimentones junto con la cebolla, el ajo y 1/2 taza de caldo.

2. Calentar el aceite en una olla y dorar el arroz, revolviendo con una cuchara.

3. Añadir los pimentones licuados, y cuando comience a hervir, incorporar el caldo y el cilantro. Salar y cocinar.

4. Cortar el pimentón restante en tiras y decorar el arroz con ellas y el huevo picado.

— Fríjoles con salchichas —

Ingredientes para 4 personas:

1/2 lb de fríjoles blancos
1/2 cebolla
1 cucharada de aceite
2 dientes de ajo
20 coles de Bruselas
2 papas
3 salchichas de Frankfurt
Sal

Lavar los fríjoles, escurrirlos y poner en remojo, en abundante agua durante toda la noche.

Al día siguiente, poner los fríjoles con el agua del remojo en una olla, junto con la cebolla, el aceite y los dientes de ajo, y cocinar a fuego medio hasta que los fríjoles empiecen a suavizarse.

Mientras tanto, limpiar bien las coles de Bruselas y pelar y cortar en cuadritos las papas.

A continuación, añadir ambas a los fríjoles y continuar cocinando.

Por último, cortar las salchichas en trozos, agregarlas a la olla, sazonar, revolver, y terminar de cocinar hasta que todo esté en su punto.

1. Lavar bien los fríjoles y poner en remojo la noche anterior.

2. Poner los fríjoles al fuego junto con la cebolla, los ajos y el aceite.

3. Añadir las coles y las papas cortadas en cuadritos.

4. Incorporar las salchichas, salar y terminar de cocinar.

— Lentejas con espinazo —

Ingredientes para 4 personas:

1/2 lb de lentejas
1 lb de espinazo de cerdo
2 pimentones rojos o ajíes grandes (chiles anchos)
1/2 cebolla picada
2 dientes de ajo
1 cucharadita de orégano en polvo
2 cucharadas de vinagre
Sal

Poner en remojo las lentejas durante 6 u 8 horas. Escurrirlas y ponerlas en una olla. Cubrir con agua, añadir el espinazo, salar y cocinar hasta que estén tiernas.

Mientras tanto, tostar los pimentones, desvenar y licuar junto con la cebolla, los ajos y el orégano. Cuando las lentejas estén tiernas, añadir los pimentones licuados y cocinar unos minutos más.

Cuando el líquido haya espesado ligeramente, agregar el vinagre. Rectificar la sazón y servir.

1. Poner las lentejas en remojo durante 6 u 8 horas.

2. Verterlas en una olla, cubrir con agua y agregar el espinazo.

3. Añadir a las lentejas cocinadas los ingredientes licuados.

4. Agregar el vinagre, rectificar la sazón y revolver todo bien.

— Chiles en nogada —

Ingredientes para 6 personas:

12 ajíes verdes frescos (chiles poblanos)
6 huevos
2 tazas de harina de trigo
Hierbas de olor
Sal

Para el relleno:

1 lb de lomo de cerdo
4 tomates (jitomates)
Un trozo de cebolla
4 dientes de ajo, picados
1 taza de almendras peladas
1 plátano, pelado y picado
2 duraznos, pelados y picados
2 peras, peladas y picadas
2 manzanas, peladas y picadas
1/2 taza de pasas
1 cucharadita de azúcar

Aceite para freír
Sal y pimienta

Para la nogada:

2 tazas de nueces, sin cáscara y peladas
3 tazas de crema de leche
4 granadas, desgranadas
Azúcar al gusto

Cocinar la carne de cerdo en agua con sal hasta que esté tierna, dejar enfriar y deshebrar.

Mientras tanto, asar los tomates, pelarlos y licuarlos junto con la cebolla y los ajos. Freír en un poco de aceite hasta que la salsa espese. Incorporar las almendras, las frutas y el azúcar y cocinar 4 ó 5 minutos. Añadir la carne deshebrada, sazonar con sal y pimienta y cocinar todo junto unos minutos. A continuación, cocinar los ajíes en agua con sal y hierbas de olor durante unos minutos. Escurrir, secar y desvenar.

Seguidamente, rellenarlos con el preparado anterior, sin llenarlos demasiado para que no se salga el relleno. Batir las claras a punto de nieve, e incorporar las yemas, de 1 en 1. Pasar los ajíes por harina, a continuación por los huevos y freír en aceite caliente. Escurrir sobre papel de cocina para que absorba la grasa y poner en un platón. Por último, licuar las nueces junto con la crema. Añadir azúcar al gusto, y verter la nogada por encima de los ajíes rellenos. Salpicar por encima las granadas y servir.

1. Cocinar la carne, dejar enfriar y deshebrar.

2. Cocinar los ajíes en agua con sal y hierbas de olor.

3. Rellenarlos con la mezcla anteriormente preparada.

4. Pasarlos por harina y huevos batidos y freír en aceite caliente.

— Picadillo de cazón —

Ingredientes para 4 personas:

1 lb de carne de cazón
2 limones
2 zanahorias
1 tomate (jitomate)
1 cebolla
Ají (Chile jalapeño), al gusto
3 cucharadas de aceite
Sal y pimienta

Picar el cazón en cuadritos y verterlo en un recipiente de cristal. Rociar con el jugo de los limones, sazonar con sal y pimienta y dejar reposar 2 horas en el refrigerador.

Mientras tanto, limpiar las zanahorias y rallarlas. Picar el tomate y la cebolla.

Calentar el aceite en una sartén y freír la cebolla hasta que esté transparente. Añadir el tomate y freír unos minutos. Incorporar las zanahorias, el cazón y el ají. Sazonar y cocinar hasta que se reseque un poco. Servir caliente.

1. Rociar el cazón con el jugo de limón y dejar reposar.

2. Rallar las zanahorias, y picar el tomate y la cebolla.

3. Freír la cebolla y cuando esté transparente, incorporar el tomate.

4. Añadir los ingredientes restantes y cocinar hasta que se reseque.

— Bacalao campechano —

Ingredientes para 6 personas:

1 lb de bacalao seco
4 papas grandes
2 ajíes (chiles anchos)
2 dientes de ajo
8 granos de pimienta negra
3 tomates (jitomates) medianos
1 cebolla grande
1 cucharada de perejil picado
1 latita de aceitunas
1 pimentón (pimiento morrón) cocido en agua sal

Aceite

Sal

Poner el bacalao en remojo la noche anterior. Escurrir y desmenuzar.

Cocinar las papas, pelarlas y cortar en cuadritos.

Mientras cuecen las papas, asar los ajíes, remojar y pasar por la licuadora junto con los dientes de ajo y la pimienta. Asar los tomates y la cebolla y picarlos.

A continuación, calentar aceite en una sartén al fuego y freír la cebolla. Cuando esté transparente, agregar el bacalao desmenuzado y cocinar durante unos minutos.

Seguidamente, incorporar el tomate y cocinar 10 minutos. Añadir los ajíes molidos, revolver bien y verter las papas, el perejil, las aceitunas y el pimentón. Rectificar la sazón y cocinar unos minutos más hasta que la salsa espese.

1. Remojar el bacalao la víspera. Escurrir y desmenuzar.

2. Cocinar las papas, pelar y cortar en cuadritos.

3. Licuar los ajíes, previamente remojados, junto con los dos dientes de ajo y la pimienta.

4. Sofreír la cebolla, agregar el bacalao, revolver, añadir los ingredientes restantes y cocinar.

— Filetes de pescado empapelado —

Ingredientes para 4 personas:

4 filetes de pescado
4 dientes de ajo
2 limones
Mantequilla
2 cucharadas de perejil fresco, picado
2 ajíes (chiles), picados
Sal
4 trozos de papel de aluminio o de estraza

Pelar los ajos y machacarlos en el mortero con un poco de agua hasta obtener una pasta.

Lavar los filetes, ponerlos en un recipiente, rociarlos con la pasta de ajo y el jugo de los limones y dejarlos macerar.

Colocar cada filete de pescado sobre un trozo de papel de aluminio, y untar con mantequilla. Salpicar con el perejil y los ajíes picados y salar. Cerrar los paquetes y poner en el horno, precalentado a 165° C (325° F), durante 10 minutos.

Servir en el mismo papel, acompañados con limón y ensalada.

1. Machacar los ajos con un poco de agua y formar una pasta.

2. Rociar los filetes con jugo de limón y la pasta de ajo.

3. Colocar un filete de pescado sobre cada trozo de papel y untar con mantequilla.

4. Espolvorear con el perejil y los ajíes picados. Salar, cerrar los paquetes y hornear.

— Ostiones al horno —

Ingredientes para 4 personas:

12 ostras (ostiones)
3 tomates (jitomates)
2 cucharadas de aceite de oliva
1 cucharada de perejil fresco, picado
2 cucharadas de mantequilla
1 taza de miga de pan desmenuzada
Sal y pimienta

Abrir las ostras, separar de las valvas y cocer en su jugo y un poco de agua, si fuera necesario, durante 3 ó 4 minutos. Retirar del agua y picar.

Licuar los tomates y freír en aceite caliente. Añadir las ostras picadas, el perejil, sal y pimienta, revolver y cocinar unos minutos más.

A continuación, untar las conchas con mantequilla y rellenarlas con el preparado anterior. Espolvorear con la miga de pan desmenuzada y poner en el horno, con el broiler encendido, hasta que se doren.

3. Rellenar las conchas con la mezcla preparada.

1. Abrir las ostras y cocinar durante unos minutos.

4. Espolvorear con la miga de pan y hornear.

2. Licuar los tomates, freírlos, añadir las ostras picadas y cocinar.

— Cebiche de pargo —

Ingredientes para 6 personas:

1 pargo de 2 lb aproximadamente, limpio y cortado en trozos pequeños

2 tazas de jugo de limón

4 dientes de ajo

6 cucharadas de aceite vegetal

4 tomates (jitomates) grandes

1 cebolla cabezona grande

2 ajíes (chiles serranos) en conserva

2 cucharadas de cilantro fresco picado

1/2 cucharada de vinagre de vino

3 cucharadas de salsa de tomate

1 cucharada de salsa de tabasco

1/4 de cucharada de orégano en polvo

Aceitunas negras y verdes

Sal y pimienta negra recién molida

Poner el pescado a marinar en un recipiente con el jugo de limón, durante 3 horas. Pelar los dientes de ajo y freírlos en el aceite, durante 4 minutos, a fuego bajo. Retirar los ajos y reservar el aceite.

A continuación, picar los tomates, la cebolla y los ajíes y verter en un recipiente.

Añadir el pescado marinado, previamente aclarado en agua fría y los ingredientes restantes. Rociar con el aceite reservado y mezclar bien. Servir en copas, adornándolas al gusto.

1. Rociar el pescado con el jugo de limón y dejar reposar 3 horas.

2. Calentar el aceite, freír los ajos, retirarlos y dejar enfriar el aceite.

3. Picar los tomates, la cebolla y los ajíes.

4. Mezclar todo, rociar con el aceite y revolver bien.

— Pez vela con jitomate —

Ingredientes para 8 personas:

3 lb de pez vela, limpio de piel y espinas, y cortado en trozos

1/2 cebolla cabezona entera y 1/2 picada

4 dientes de ajo enteros y 2 picados

4 hojas de laurel

Una pizca de tomillo en polvo

Una pizca de mejorana en polvo

5 cucharadas de aceite vegetal

2 lb de tomates (jitomates), picados

1/4 cucharada de comino en polvo

2 clavos de olor

4 cucharadas de vinagre

3 cucharadas de perejil picado

4 ajíes (chiles jalapeños), troceados

2 cucharadas de salsa tabasco

1 cucharada de orégano seco

2 ajíes (chiles chipotles), en tiritas

Sal y pimienta negra molida

Poner al fuego un recipiente grande con agua, la 1/2 cebolla entera, los dientes de ajo enteros, el laurel, el tomillo, la mejorana y sal.

Cuando comience a hervir, añadir el pescado y cocinar 6 minutos. Escurrir bien y desmenuzar.

A continuación, calentar el aceite en una sartén y freír la cebolla picada hasta que esté transparente, añadir los tomates, el comino, los clavos de olor y el vinagre. Sazonar con sal y pimienta, revolver y cocinar durante 6 minutos.

Seguidamente, incorporar el pescado y los ingredientes restantes y cocinar a fuego lento, tapado, durante 8 ó 10 minutos. Servir decorado con tortillas y ají en tiritas.

1. Cocer el pescado durante 6 minutos. Escurrir y desmenuzar.

2. Calentar el aceite, freír los tomates, la cebolla y condimentar.

3. Agregar el pescado desmenuzado, revolver bien.

4. Incorporar los ingredientes restantes y cocinar 8 ó 10 minutos.

— Coco con mariscos —

Ingredientes para 4 personas:

4 cocos tiernos

1 taza de camarones frescos, pelados

1 docena de almejas

1 filete de pescado cortado en trozos

2 tomates (jitomates)

1 cucharada de perejil fresco picado

1 cucharada de azúcar

1 copa de vino blanco

El jugo de 1 limón

Aceite para freír

Sal

Cortar la parte de arriba de los cocos con un serrucho, sacar el líquido y reservar. Extraer la pulpa, rallarla y reservar. En una sartén con aceite, freír el pescado y los mariscos. Retirar con una espumadera y en el mismo aceite, freír los tomates picados. Añadir el perejil, el azúcar, el vino, 1 taza del líquido reservado de los cocos y salar. Cocinar hasta que la salsa reduzca, bajar el fuego y añadir el pescado y los mariscos. Mezclar bien, retirar del fuego e incorporar la pulpa de coco y el jugo de limón.

A continuación, rellenar los cocos con el preparado, introducirlos en el horno, a 180° C (350° F) y hornear durante 15 minutos. Servir en el mismo coco, poniéndoles la tapa.

3. Freír el tomate. Añadir perejil, azúcar, vino y el líquido de los cocos.

4. Incorporar los mariscos, el pescado y la pulpa rallada.

1. Cortar la parte de arriba de los cocos con un serrucho.

2. Freír el pescado y los mariscos.

5. Rellenar los cocos y hornear durante 15 minutos.

— Pescado almendrado —

Ingredientes para 8 personas:

8 filetes de pescado de 100 g cada uno

El jugo de 2 limones

1 diente de ajo

1 taza de almendras tostadas y picadas

2 cucharadas de queso parmesano rallado

4 cucharadas de queso Cheddar, rallado

1 cucharada de perejil fresco, picado

3 cucharadas de aceite

1 cucharada de mantequilla, derretida

2 tazas de crema de leche

4 ajíes (chiles serranos), en tiritas

Sal y pimienta negra molida

Poner el pescado en una fuente, rociar con el jugo de limón, sazonar con sal y pimienta y dejar macerar durante 1 hora en el refrigerador.

Hacer un majado con el diente de ajo, añadir las almendras, la mitad de los quesos, el perejil, y revolver todo bien.

A continuación, colocar el pescado en un fuente refractaria, cubrirlo con el preparado anterior y regar con el aceite y la mantequilla mezclados. Introducir en el horno, precalentado a 180° C (350° F), durante 10-12 minutos.

Por último, rociar con la crema de leche y cocinar en el horno durante 7 u 8 minutos más. Espolvorear con los quesos restantes y tiritas de ají y servir con papas cocidas o al gusto.

1. Colocar el pescado en una fuente, rociar con el jugo de limón y macerar.

2. Mezclar en un recipiente el ajo, las almendras, la mitad de los quesos y el perejil.

3. Cubrir el pescado con el preparado anterior y hornear 10 ó 12 minutos.

4. Rociar con la crema de leche y cocinar en el horno durante 7 u 8 minutos más.

— Pescado a la Veracruzana —

Ingredientes para 6 personas:

2 lb de pescado (mero, guachinango, róbalo, etc.), sin espinas

Aceite o manteca para freír

2 dientes de ajo

1 cebolla picada

1 ají (chile maresmeño) picado

2 cucharadas de perejil fresco, picado

4 tomates (jitomates) picados

2 cucharadas de alcaparras

1/2 taza de aceitunas verdes

Sal y pimienta

Cortar el pescado en tajadas y poner en una fuente, salar y reservar.

A continuación, calentar el aceite o la manteca y freír los dientes de ajo. Agregar la cebolla, el ají, el perejil y los tomates, todo ello previamente picado, y freír a fuego lento durante 10 minutos.

Incorporar los trozos de pescado, revolver, añadir las alcaparras, y las aceitunas, sazonar con sal y pimienta y cocinar durante 8 ó 10 minutos hasta que el pescado esté en su punto. Servir caliente.

1. Cortar en tajadas el pescado, salar y reservar.

2. Dorar los ajos en aceite o manteca caliente.

3. Añadir la cebolla, los tomates, el perejil y el ají y freír.

4. Incorporar el pescado, las alcaparras y las aceitunas y cocinar.

— Rosca de camarones —

1/2 lb de camarones cocidos y pelados

1/4 lb de alverjas (chícharos)

8 huevos

4 cucharadas de harina de trigo

1 cucharada de polvo de hornear

2 cucharadas de mantequilla, derretida

1 taza de salsa de tomate

1/2 taza de aceitunas

1 pimentón (pimiento morrón) cocido en agua-sal

Miga de pan desmenuzada

Sal

Cocinar las alverjas en un recipiente con agua y sal.

Separar las yemas de las claras y batir éstas a punto de nieve. Añadir las yemas, de 1 en 1, sin parar de batir. Agregar la harina junto con el polvo de hornear y por último, la mantequilla derretida.

A continuación, incorporar la salsa de tomate, las alverjas y sazonar.

Picar los camarones, las aceitunas y el pimentón y añadir a la mezcla anterior. Seguidamente, engrasar un molde de corona, espolvorear con miga de pan desmenuzada y verter la mezcla.

Introducir en el horno, precalentado a 180° C (350° F), y cocinar durante 30 minutos. Servir acompañado de mayonesa y decorado al gusto.

1. Cocinar las alverjas en un recipiente con agua y sal.

2. Batir las claras a punto de nieve e incorporar las yemas de 1 en 1.

3. Añadir la harina y el polvo de hornear, revolver e incorporar la mantequilla.

4. Picar los camarones, las aceitunas y el pimentón y agregar al preparado anterior.

5. Verter en un molde engrasado y espolvoreado con miga de pan desmenuzada y hornear durante 30 minutos.

— Truchas en caldillo —

Ingredientes para 4 personas:

4 truchas
3 cucharadas de manteca
3 cebollas picadas
3 dientes de ajo picados
4 cucharadas de cilantro fresco, picado
2 ajíes (chiles guajillos), desvenados y cortados en tiras
1/2 taza de vinagre
Sal
Limones para decorar

Lavar las truchas, limpiándolas bien y desechando las vísceras, y cortarlas en 3 trozos, cada una.

A continuación, derretir la manteca en una sartén a fuego medio y freír las cebollas y los ajos, hasta que estén transparentes.

Seguidamente, agregar las truchas y freír ligeramente. Incorporar el cilantro, los ajíes, el vinagre y sal al gusto.

Rociar con agua, tapar y cocinar a fuego lento durante 20 minutos. Verter todo en una fuente y decorar con rodajas de limón.

1. Lavar las truchas y cortar cada una en 3 trozos.

2. Derretir la manteca y freír las cebollas y los ajos.

3. Añadir los trozos de trucha y freír ligeramente.

4. Incorporar los ingredientes restantes, tapar y cocinar 20 minutos.

— Alas con mostaza —

Ingredientes para 4 personas:

12 alas de pollo
1 cebolla larga, picada
4 cucharadas de salsa de tomate (jitomate)
1 cucharada de mostaza
1 cucharadita de azúcar
12 cebollitas de cambray, sin rabo
1 cucharada de salsa de soja
Aceite para freír
Sal

Cortar las puntas de las alas, desechándolas. Lavar las alas y secar.

Poner una sartén con aceite al fuego y freír las alas a fuego alto. Cuando comiencen a tomar color, salar, añadir la cebolla picada y dejar que se doren.

A continuación, mezclar en un recipiente la salsa de tomate, la mostaza, el azúcar y una pizca de sal e incorporar a la sartén con las alas, junto con las cebollitas de cambray y la salsa de soja. Cocinar hasta que las alitas estén tiernas y la salsa se haya reducido.

1. Cortar las puntas a las alitas, desechándolas, y freír.

2. Añadir la cebolla picada y cocinar hasta que todo esté dorado.

3. Mezclar la salsa de tomate junto con la mostaza, el azúcar y sal al gusto.

4. Incorporar a las alitas junto con las cebollitas, y cocinar hasta que todo esté tierno.

— Pollo en estofado —

Ingredientes para 4 personas:

1 pollo cortado en presas
3 dientes de ajo
4-5 clavos de olor
1 cucharadita de canela en polvo
1/2 cebolla finamente picada
2 cucharadas de manteca
2 cucharadas de aceite
3 hojas de laurel
1 ramita de tomillo seco
1 vaso de vino blanco
12 ciruelas pasas
2 calabacitas pequeñas en trocitos
3 zanahorias en rebanadas
2 papas en cuadritos
2 tazas de caldo de gallina
Sal

Machacar en un mortero los dientes de ajo, junto con los clavos y la canela. Añadir la cebolla, mezclar todo bien y untar el pollo por todos los lados. Dejar macerar 2 horas en el refrigerador.

A continuación, calentar la manteca y el aceite en una olla a fuego fuerte y dorar el pollo. Añadir el laurel y el tomillo, rociar con el vino y cocinar 10 minutos.

Seguidamente, incorporar las ciruelas y las verduras cortadas en trozos, añadir el caldo, sazonar y cocinar hasta que el pollo y las verduras estén tiernas.

1. Machacar los ajos, los clavos y la canela, mezclar con la cebolla y untar el pollo con el preparado.

2. Calentar el aceite y la manteca en una olla y freír el pollo hasta que esté dorado.

3. Añadir el laurel, el tomillo, rociar con el vino y cocinar durante 10 minutos.

4. Incorporar los ingredientes restantes y cocinar hasta que todo esté tierno.

— Pichones jalisco —

Ingredientes para 4 personas:

4 pichones o codornices
8 ajíes grandes (chiles anchos)
2 tazas de agua
4 cucharadas de vinagre de vino tinto
1 cebolla pequeña
4 dientes de ajo
1/2 cucharadita de orégano en polvo
1/2 cucharadita de comino en polvo
6 granos de pimienta negra
Aceite
Sal

Calentar un poco de aceite en una sartén y freír ligeramente los ajíes. Ponerlos en remojo en el agua con vinagre durante 1/2 hora. Retirar del líquido el cual debe conservar, y poner los ajíes en la licuadora junto con la cebolla, los dientes de ajo, el orégano, el comino, la pimienta, sal y un poco del líquido reservado, y licuar todo junto.

A continuación, poner los pichones en un recipiente y cubrir con la salsa preparada. Rociar con aceite y dejar en maceración durante aproximadamente 1 hora.

Seguidamente, calentar aceite en una sartén de fondo pesado y freír los pichones, dándoles vueltas y bañándolos con su salsa frecuentemente, durante aproximadamente unos 8 ó 10 minutos, hasta que estén cocinados.

Por último, partir los pichones por la mitad y servir sobre tortillas, cubriéndolos con la salsa restante.

1. Freír los ajíes, ponerlos en remojo y licuar junto con los ingredientes restantes.

2. Cubrir los pichones con la salsa preparada y dejar macerar durante 1 hora.

3. Freír en aceite caliente, dándoles vueltas de vez en cuando hasta que estén hechos.

4. Cortar cada pichón por la mitad.

5. Colocar sobre tortillas cubriéndolos con la salsa restante.

— Mole coloradito —

Ingredientes para 4 personas:

1 pollo cortado en presas
1/2 lb de ajíes grandes (chiles anchos)
6 ajíes (chiles chilcosle)
1 cabeza de ajos asada
1 lb de tomates (jitomates)
2 cucharadas de ajonjolí tostado
Canela y orégano molidos
40 g de manteca
3 tablillas de chocolate
Sal y pimienta

Poner el pollo en una olla al fuego, cubrir ligeramente con agua, salar y cocinar hasta que esté tierno.

Mientras tanto, desvenar los ajíes anchos, asarlos ligeramente y poner en remojo.

A continuación, pasar a la licuadora junto con los ajíes, los dientes de ajo, el tomate, el ajonjolí y canela y orégano al gusto. Salar y licuar todo junto.

Calentar la manteca en una sartén y freír el puré obtenido. Cuando la salsa esté hecha, agregar el pollo cocido junto con el líquido de cocción y el chocolate picado y cocinar hasta que la salsa espese. Servir con arroz blanco.

1. Cocinar el pollo, cortado en trozos, en agua con sal, hasta que esté tierno.

2. Licuar los ajíes, los tomates, los ajos y las especias y freír en la manteca.

3. Incorporar el pollo cocinado y el líquido de cocción.

4. Añadir el chocolate y cocinar hasta que la salsa espese.

— Lomo al pulque —

Ingredientes para 4 personas:
1 1/2 lb de lomo de cerdo
1 lb de tomates (jitomates)
1 cebolla pequeña
2 dientes de ajo
2 ajíes (chiles chipotles) adobados
1 taza de pulque
1 cucharadita de tomillo en polvo
1 cucharadita de mejorana en polvo
1 lata pequeña de aceitunas verdes
1 lechuga orejona para acompañar
Aceite para freír
Sal

Poner el lomo de cerdo sobre una tabla de madera y, con un cuchillo bien afilado, cortarlo en rebanadas finas.

Seguidamente, calentar aceite en una cacerola al fuego y freír el lomo de cerdo, a fuego lento, para que la carne quede jugosa.

Licuar los tomates junto con la cebolla, los dientes de ajo y los ajíes.

A continuación, retirar el exceso de grasa de freír la carne, salar y añadir el puré de tomate. Cocinar hasta que quede reducido y agregar el pulque, el tomillo, la mejorana y las aceitunas.

Por último, cocinar unos minutos más para que la salsa tome consistencia y servir con lechuga.

1. Cortar el lomo en rebanadas finas.

2. Freír en aceite caliente a fuego lento para que quede jugoso.

3. Añadir el tomate licuado junto con la cebolla, los ajos y los ajíes.

4. Agregar los ingredientes restantes y cocinar unos minutos más.

— Carnitas Aguascalientes —

Ingredientes para 4 personas:

2 lb de carne magra de cerdo

2 cucharadas de manteca de cerdo

1 naranja

Acompañamiento:

Tortillas de maíz

Salsa al gusto

Guacamole

Primeramente, cortar la carne en trozos de unos 8 centímetros de lado, y sazonar al gusto. Derretir la manteca en una cazuela o sartén y dorar la carne por todos lados.

A continuación, cocinar la carne, con el recipiente tapado, hasta que esté blandita (si fuera necesario, añadir un poquito de agua).

Seguidamente, exprimir la naranja e incorporar el jugo de la carne, después de quitar el exceso de grasa y dejar que se consuma un poco. Retirar del fuego y una vez que la carne haya perdido el exceso de calor; deshilacharla con los dedos y colocar en un platón de servir. Servir las carnitas con sus acompañamientos.

1. Cortar la carne en trozos de unos 8 cm de lado, y sazonar.

2. Freír la carne en una sartén con la manteca.

3. Cuando esté blandita, añadir el jugo de la naranja.

4. Una vez templada, deshilacharla con los dedos.

— Manchamanteles —

Ingredientes para 6 personas:

1 1/2 lb de lomo de cerdo en rebanadas
2 plátanos pelados
1/2 cabeza de ajos
1/2 cebolla
Ají (chile ancho) al gusto
1 astilla de canela
6 granos de pimienta negra
4 clavos de olor
1/2 cucharada de azúcar
3 rebanadas de piña
Aceite
Sal

Cortar los plátanos en trozos grandes y freír junto con la carne en una olla con aceite caliente, y reservar.

Asar los ajos, la cebolla y el ají y poner éste último en remojo. Cuando haya ablandado, licuar junto con la cebolla y los ajos y freír en la olla.

A continuación, incorporar de nuevo la carne, 1/2 taza de agua, la canela, la pimienta, los clavos y el azúcar. Salar al gusto y cocinar hasta que la carne esté casi hecha.

Por último, agregar los plátanos reservados y la piña cortada en trocitos y cocinar 10 minutos más.

1. Freír la carne junto con los plátanos.

2. Licuar los ajos, la cebolla y el ají y freír.

3. Añadir la carne, agua, canela, pimienta, clavos de olor, azúcar y sal y cocinar.

4. Incorporar la piña cortada en trocitos y los plátanos reservados y cocinar 10 minutos más.

— Cabrito en cerveza —

Ingredientes para 4 personas:

2 lb de cabrito cortado en bisteces
2 botellas de cerveza
1 cucharada de pimienta
8 dientes de ajo
1 cebolla, finamente picada
2 cucharadas de azúcar
El jugo de 2 limones
Sal

Lavar los bisteces de cabrito y secarlos con un paño. Mezclar en un recipiente todos los ingredientes restantes y cubrir la carne con ellos. Dejar en maceración durante 2 ó 3 horas en el refrigerador.

Seguidamente, poner los bisteces en una fuente de horno, junto con su adobo y hornear a 180° C (350° F) durante unas 2 horas, rociando de vez en cuando con su líquido.

Mientras tanto, cocinar verduras al gusto y servir el cabrito con las mismas y papas fritas.

1. Lavar y secar los bisteces de cabrito.

2. Mezclar los ingredientes restantes y cubrir con ellos la carne.

3. Hornear con el adobo, durante 2 horas hasta que esté tierno.

4. Cocinar verduras y freír papas como guarnición.

— Bisteces enrollados —

Ingredientes para 4 personas:

8 bisteces finitos
8 rebanadas de tocineta
8 trozos de queso (chihuahua) poco curado
Ají (chile pasilla) al gusto
2 tomates (jitomates)
1 trozo de cebolla
2 dientes de ajo
Aceite para freír
Sal y pimienta

Colocar una rebanada de tocineta y un trozo de queso sobre cada bistec, enrollar y sujetar con un palillo.

Calentar aceite en una sartén, dorar los bisteces enrollados y reservar.

A continuación, asar los ajíes, desvenar, poner en remojo y licuar junto con los tomates, la cebolla y los dientes de ajo. Sazonar con sal y pimienta y verter la salsa obtenida sobre los bisteces. Rociar con un vasito de agua, tapar y cocinar durante 20 minutos. Rectificar la sazón y servir con pasta hervida y aguacates.

1. Poner una rebanada de tocineta y un trozo de queso sobre cada bistec y enrollar sobre sí mismos.

2. Sujetar cada rollo de bistec con un palillo, dorarlos en una sartén con aceite caliente y reservar.

3. Licuar los ajíes, previamente asados, con los tomates, la cebolla y los ajos y verter sobre los bisteces enrollados.

4. Agregar un vasito de agua y revolver.

5. Tapar y cocinar durante 20 minutos.

Brochetas de cordero al tequila

Ingredientes para 6 personas:

2 lb de carne de cordero
2 cebollas
1 taza de vino blanco
1 copa de tequila
3 cucharadas de vinagre
Tomillo, perejil y orégano frescos, al gusto
Pimienta negra
Sal

Cortar la carne en cuadritos regulares y colocar en un recipiente. Picar una cebolla y mezclar con todos los ingredientes restantes. Verter la mezcla sobre la carne y dejar reposar durante 1 hora.

A continuación, ensartar en brochetas poniendo entre cada trozo de carne, un poco de cebolla, y asar en una plancha caliente, rociando a menudo con el líquido del adobo, hasta que estén bien doradas por todos lados.

Servir sobre un lecho de arroz blanco y tiritas de ají.

1. Cortar la carne en cuadritos regulares y poner en un recipiente.

2. Mezclar todos los ingredientes y adobar la carne con esta mezcla.

3. Ensartar en brochetas, alternando con trocitos de cebolla.

4. Asar en una plancha caliente, rociando con el líquido del adobo.

— Cuete mechado —

Ingredientes para 4 personas:

2 lb de cuete de ternera, en una pieza
2 zanahorias
4 rebanadas de tocineta
4 dientes de ajo
1 cebolla grande
1/2 taza de vinagre
Aceite
Pimienta
Sal

Raspar las zanahorias y cortarlas en tiras. Cortar la tocineta en tiras y mechar el cuete con ella y con las tiras de zanahoria. Atarlo para que no pierda su forma.

Poner aceite en una olla y freír el cuete por todos lados hasta que esté dorado. Incorporar los ajos y la cebolla picados, el vinagre, la sal y la pimienta. A continuación, agregar 1 taza de agua, tapar la olla y cocinar hasta que la carne esté tierna.

Dejar enfriar y cortar en rebanadas finas.

Servir con maíz cocido y puré de papas.

1. Mechar la carne con las zanahorias y la tocineta, y atarla.

2. Calentar aceite en una olla y dorar la carne por todos los lados.

3. Agregar los ingredientes restantes y cocinar hasta que la carne esté tierna.

4. Cuando la carne esté en su punto, retirar del fuego, dejar enfriar y cortar en rebanadas finas.

— Bolas de carne con betabel —

Ingredientes para 6 personas:

1/2 lb de carne molida de cerdo
1/2 lb de carne molida de res
2 papas medianas
1 remolacha (betabel) grandecita
1 huevo
Una pizca de orégano en polvo
1 cebolla mediana
1 cucharada de perejil fresco, picado
Abundante aceite para freír

Pimienta negra molida
Sal

Cocinar por separado las papas y la remolacha, pelarlas y cortarlas en cuadritos pequeños. Poner las papas cortadas en agua con sal unos 5 minutos, escurrir y reservar.

A continuación, batir el huevo en un recipiente, sazonar con sal, pimienta y orégano y agregar las carnes, las papas, la remolacha, la cebolla finamente picada y el perejil. Trabajar todo bien con las manos hasta que esté bien mezclado y formar las bolas.

Seguidamente, freír en abundante aceite caliente hasta que estén doradas y bien fritas por dentro, y servir con ensalada, guacamole, salsa picante, o al gusto.

1. Cocer la remolacha y las papas y cortar en cuadritos.

2. Batir el huevo, sazonar y mezclar con todos los ingredientes.

3. Una vez todo bien mezclado, formar las bolas.

4. Freír en abundante aceite hasta que estén bien doradas y fritas.

— Huevos reales —

Ingredientes para 8 personas:

6 yemas
1 cucharadita de polvo de hornear
1 cucharada de mantequilla
1 taza de agua
1 taza de azúcar
Unas gotas de limón
1 cucharada de pasas
1 astilla de canela
10 almendras picadas

Batir las yemas junto con el polvo de hornear hasta que doblen su volumen y verter en un molde engrasado con mantequilla. Cocinar al baño María hasta que estén cuajadas. Pinchar el centro con un palito, si éste sale limpio es que están cuajadas.

Mientras tanto, poner en un recipiente el agua, el azúcar y el limón y cocinar hasta que se forme un almíbar.

A continuación, cortar los huevos cuajados en trozos y poner en una fuente. Añadir las pasas, la canela y las almendras y rociar con el almíbar para que se empapen.

1. Batir las yemas junto con el polvo de hornear hasta que doblen su volumen.

2. Verter las yemas batidas en un molde engrasado y cocinar al baño María hasta que cuajen.

3. Hacer un almíbar con el agua, el azúcar y el jugo de limón.

4. Rociar sobre las yemas cuajadas para que se empapen.

— Jamoncillo de nuez —

Ingredientes para 8 personas:

250 g de nueces peladas
4 tazas de leche
400 g de azúcar
Vainilla
Una pizca de bicarbonato
Mantequilla

Moler las nueces hasta que queden en un polvo fino.

Mojar una olla con agua y poner la leche, el azúcar, la vainilla y el bicarbonato. Cocinar sin dejar de revolver hasta que espese y añadir las nueces molidas. Revolver bien hasta que esté consistente y verter en un molde forrado con papel de aluminio.

Por último, poner en el refrigerador y dejar hasta que cuaje.

1. Moler las nueces.

2. Cocinar la leche con el azúcar hasta que espese.

3. Cuando la mezcla este bien espesa, añadir las nueces molidas, sin dejar de revolver con una cuchara de madera.

4. Verter en un molde forrado con papel de aluminio y cuajar en el refrigerador.

— Marquesote —

Ingredientes para 10 personas:

8 claras de huevo
8 yemas de huevo
1 1/2 tazas de fécula de maíz
1 cucharada de polvo de hornear
1/2 taza de azúcar
1/2 taza de mantequilla fundida
Semillas de sésamo

Poner las claras en un recipiente grande y batir a punto de nieve. Incorporar las yemas, sin dejar de batir, de 1 en 1.

A continuación, mezclar la fécula de maíz con el polvo de hornear y el azúcar y añadir a los huevos batidos. Trabajar hasta que quede homogéneo. Incorporar la mantequilla y batir de nuevo.

Verter en dos moldes, bien engrasados con mantequilla y enharinados, espolvorear con las semillas de sésamo y poner en el horno, precalentado a 190° C (375° F), durante 25 ó 30 minutos, hasta que estén cuajados.

1. Batir las claras a punto de nieve.

2. Añadir las yemas, sin dejar de batir.

3. Agregar los ingredientes restantes.

4. Verter en dos moldes engrasados y enharinados, y hornear.

— Gelatina de guayaba —

Ingredientes para 6 personas:

12 guayabas
1 taza de azúcar
4 cucharadas soperas de gelatina en polvo sin sabor
1/2 taza de brandy
1 taza de crema de leche, batida
Guindas confitadas

Poner una olla al fuego con el azúcar y 4 tazas de agua y cocinar hasta que el azúcar se haya disuelto. Cortar las guayabas en rebanadas y cocinarlas en el almíbar hasta que estén suaves. Disolver la gelatina en un poco del almíbar de la cocción de las guayabas e incorporarla a la olla.

A continuación, agregar el brandy, revolver, retirar la preparación del fuego y dejar enfriar.
Seguidamente, verter en un molde y dejar cuajar en el refrigerador.
Por último, desmoldar y servir adornada con la crema de leche batida y las guindas confitadas.

1. Poner 4 tazas de agua y el azúcar en una olla al fuego.

2. Añadir las guayabas cortadas en rebanadas.

3. Incorporar la gelatina disuelta y el brandy y dejar enfriar.

4. Verter en un molde y dejar cuajar en el refrigerador.

— Naranjas en almíbar —

Ingredientes para 4 personas:

4 naranjas
Una pizca de sal
2 tazas de agua
2 tazas de jugo de naranja
3 tazas de azúcar
3-4 astillas de canela

Rallar las naranjas y desechar la ralladura. Extraer el jugo de las naranjas y cortarlas en gajos.

A continuación, ponerlas en una olla, cubrirlas con agua, añadir sal y cocinar durante 30 minutos.

Escurrirlas, lavarlas y dejar en remojo durante unas 8 horas, cambiando el agua de vez en cuando, hasta que quede transparente.

Seguidamente, poner el agua, el jugo de naranja, el azúcar y la canela en una olla y cocinar a fuego lento, durante 1 hora o hasta obtener un almíbar espeso.

Añadir las naranjas escurridas y cocinar hasta que absorban parte del almíbar. Dejar enfriar y servir.

1. Rallar la piel de las naranjas, extraer el jugo y a continuación cortarlas en gajos.

2. Cocinar en agua con sal, durante 30 minutos. Escurrir y dejar en remojo 8 horas.

3. Hacer un almíbar espeso con el agua, el jugo de naranja, el azúcar y la canela.

4. Agregar las naranjas escurridas y cocinar para que absorban parte del almíbar.

— Nieve de melón —

Ingredientes para 4 personas:

2 melones pequeños
2 tazas de agua
1 lb de azúcar
3 claras de huevo

Partir los melones por la mitad, quitar las semillas y extraer la pulpa con cuidado. Verter la pulpa de los melones en la licuadora junto con el agua y el azúcar y licuar.

A continuación, verter el puré obtenido en un molde e introducir en el congelador.

Cuando el puré esté casi cuajado, batir las claras a punto de nieve, mezclar con el puré de melón con cuidado, e introducir de nuevo en el congelador hasta que termine de cuajar.

Por último, rellenar las cáscaras de melón con la nieve preparada y servir.

1. Partir los melones por la mitad, retirar las semillas y extraer la pulpa.

2. Poner la pulpa de los melones en la licuadora junto con el agua y el azúcar, y licuar.

3. Verter el puré obtenido en un molde y poner en el congelador hasta que esté casi cuajado.

4. Batir las claras a punto de nieve.

5. Mezclar con el puré y terminar de cuajar en el congelador.

— Durazno merengado —

Ingredientes para 6 personas:

I lata de duraznos en almíbar, de I kg.
3 claras de huevo
1/2 taza de azúcar pulverizada
Ralladura de I limón

Picar los duraznos sobre una tabla y reservar unos trocitos para la terminación.

Seguidamente, batir las claras a punto de nieve, y añadir el azúcar y la ralladura de limón, poco a poco, sin dejar de batir, hasta formar un merengue.

Colocar los duraznos picados en un refractario y rociarlos con su jugo.

A continuación, cubrir los duraznos con el merengue previamente preparado y decorar la superficie con los trocitos reservados.

Por último, introducir en el horno, con el broiler encendido, durante unos minutos para que se dore la superficie.

1. Picar los duraznos en cuadritos sobre una tabla.

2. Batir las claras a punto de nieve, y agregar el azúcar y la ralladura.

3. Poner los duraznos con su jugo en un refractario y cubrir con el merengue.

4. Decorar con los trocitos de duraznos, y hornear para dorar la superficie.

— Merengues de pulque —

Ingredientes para 4 personas:

3 claras de huevo
3 cucharadas de pulque
1 taza de azúcar
Unas gotas de colorante vegetal rojo
1 cucharadita de mantequilla
Caramelillos de colores

Batir las claras hasta que estén a punto de nieve, incorporar poco a poco el pulque y añadir el azúcar y unas gotas de colorante rojo, sin dejar de batir.

Engrasar ligeramente con la mantequilla, una lata de horno. Poner el merengue en una manga pastelera e ir formando los merengues. Espolvorearlos con los caramelos y cocinar en el horno, a 135° C (275° F), unos 45 minutos.

1. Batir las claras de huevo a punto de nieve y añadir, poco a poco, el pulque.

2. Incorporar, sin dejar de batir, el azúcar y unas gotas de colorante rojo.

3. Poner el preparado en una manga pastelera y formar los merengues sobre una lata de horno engrasada.

4. Espolvorear por encima los caramelos y hornear a temperatura muy suave.

— Tambores de coco —

Ingredientes para 4 personas:

2 tazas de coco rallado

3 cucharadas de leche condensada

1 tableta de chocolate

Poner el coco en un recipiente, añadir la leche condensada y mezclar con los dedos hasta formar una pasta manejable.

A continuación, formar unas bolas, y aplastarlas ligeramente, dándoles forma de tambor. Dejar secar durante 1 hora aproximadamente.

Seguidamente cortar en trocitos el chocolate y derretirlo al baño María.

Por último, sumergir una parte de los tambores en el chocolate derretido y dejar solidificar, antes de servir.

1. Mezclar el coco con la leche condensada.

2. Formar bolas y aplastarlas dándoles forma de tambor.

3. Cortar el chocolate en trocitos y derretirlo al baño María.

4. Sumergir parte de los tambores en el chocolate y dejar solidificar.

— Soufflé de mandarina —

Ingredientes para 8-12 personas:

5 yemas
1 1/2 tazas de azúcar
5 cucharadas de jugo de limón
3 tazas de jugo de mandarina
1 cucharada de cáscara de mandarina, rallada
1/2 cucharadita de cáscara de limón, rallada
3 sobres de gelatina sin sabor
Una pizca de sal
1 1/2 tazas de mandarinas picadas
1 1/2 tazas de crema espesa puesta 1 hora en el congelador
1 1/2 tazas de crema de leche fresca
3 claras
5 cucharadas de azúcar

1/2 taza de almendras sin tostar, picadas

Gajos de mandarina

Batir las yemas con la batidora hasta que adquieran un color limón claro. Agregar el azúcar y continuar batiendo hasta que espese.

Calentar el jugo de limón y 1 1/2 tazas de jugo de mandarina e incorporar a las yemas. Sin dejar de batir, agregar la cáscara de mandarina y de limón ralladas. Debe quedar espeso.

Poner en un recipiente la gelatina y la sal junto con el jugo de mandarina restante y calentar hasta que la gelatina se derrita. Dejar enfriar y añadir a la mezcla de yemas. Poner en el refrigerador hasta que empiece a cuajar e incorporar las mandarinas picadas.

Batir juntas la crema espesa y la fresca hasta que estén espesas e incorporar al preparado con un movimiento envolvente. Batir las claras a punto de nieve, y añadir las 5 cucharadas de azúcar. Batir hasta que estén brillantes y agregar al preparado de forma envolvente. Engrasar un molde para soufflé y cubrir la orilla con un collar de papel encerado. Verter el soufflé en el molde y poner en el refrigerador durante 6 horas mínimo. Antes de servir, retirar el papel y decorar con las almendras picadas y los gajos de mandarina.

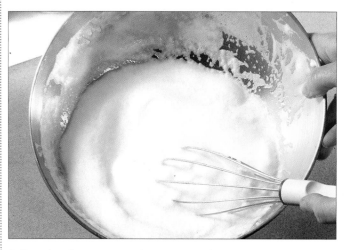

1. Batir las yemas con el azúcar e incorporar parte del jugo de mandarina.

2. Batir las cremas y agregar a las yemas mezclando con movimiento envolvente.

3. Batir las claras a punto de nieve con el azúcar e incorporar, con movimiento envolvente, al preparado.

4. Cubrir la orilla de un molde de soufflé con papel encerado, llenar con el preparado y refrigerar.

— Perones borrachos —

Ingredientes para 6 personas:

6 manzanas (perones) pequeñas
1 taza de agua
1 taza de azúcar
1 astilla de canela
2 clavos de olor
2 tazas de vino tinto

Poner todos los ingredientes, excepto las manzanas, en una olla y calentar a fuego lento.

Mientras tanto, pelar las manzanas y extraer los corazones.

A continuación, incorporar las manzanas a la olla y cocinar a fuego lento hasta que las manzanas estén tiernas.

Colocar las manzanas en un recipiente de cristal, cubrir con el vino, colado, y dejar enfriar antes de servir.

1. Calentar en una olla al fuego todos los ingredientes excepto las manzanas.

2. Pelar las manzanas, y quitar los corazones, con cuidado para no romperlas.

3. Incorporar las manzanas a la olla con el vino y cocinar, hasta que éstas estén tiernas.

4. Colocar las manzanas en un recipiente de cristal, cubrirlas con el vino y dejar enfriar.

Sopa seca de chilaquiles

Ingredientes para 8 personas:

20 tortillas
5 huevos
5 cucharadas de harina de trigo
Manteca o aceite para freír
2 lb de tomate (jitomate)
5 ajíes (chiles de agua)
1 cebolla
1 taza de crema de leche
Sal y pimienta

Separar las yemas de las claras y batir estas últimas a punto de nieve. Agregar poco a poco las yemas.

Cortar las tortillas en rombos, pasar por harina y por los huevos preparados y freír en abundante manteca o aceite.

A continuación, asar los tomates, los ajíes, la cebolla, y pasar por la licuadora. Freír el puré obtenido hasta que espese y agregar la crema de leche.

Poner en un recipiente refractario los rombitos de tortilla fritos.

Cubrir con la salsa preparada y hornear, a temperatura media, durante 10 minutos. Servir muy caliente.

Sopa de fríjol

Ingredientes para 4 personas:

2 tazas de fríjoles cocidos
3 tazas de caldo de pollo
2 tomates (jitomates)
1 trozo de cebolla
1 diente de ajo
1 ramita de cilantro
1/2 taza de queso fresco desmenuzado
Aceite para freír
Sal y pimienta

Licuar los tomates junto con la cebolla y el diente de ajo, y freír en una olla hasta que espese.

Mientras tanto, licuar los fríjoles en su propio caldo.

A continuación, añadir al tomate frito los fríjoles molidos, el caldo y el cilantro. Sazonar con sal y pimienta y dejar hervir unos minutos. Espolvorear con el queso y servir.

Sopa de tortilla

Ingredientes para 6 personas:

6 tazas de caldo de pollo
3 dientes de ajo
1/2 cebolla
3 tomates (jitomates) maduros
1 cucharada de aceite
2 ramitas de cilantro
8-10 tortillas del día anterior
2-3 ajíes (chiles pasillas)
1/2 taza de queso fresco, desmenuzado
1/2 taza de crema de leche, batida
2 aguacates
Aceite para freír
Sal y pimienta recién molida

Asar los dientes de ajo, la cebolla y los tomates. Pelar estos últimos, quitar las semillas y licuar todo junto hasta formar un puré.

Calentar la cucharada de aceite en una olla grande y freír el puré hasta que espese. Agregar el caldo y el cilantro, sazonar con sal y pimienta y cocinar a fuego medio durante 15 minutos.

Mientras tanto, cortar las tortillas en tiras finas. Calentar aceite en una sartén y freír las tiras hasta que estén doradas. Retirar con una espumadera y escurrir sobre papel absorbente.

Cortar los ajíes en aros finos, quitar las semillas y freír durante 1 minuto hasta que estén crujientes.

Antes de servir, añadir las tortillas a la sopa, con unos cuantos aros de ají. Espolvorear con el queso desmenuzado y servir con la crema, los aguacates y los ajíes restantes, en cuencos aparte.

Sopa de pan

Ingredientes para 6 personas:

3 panecillos (bolillos), tostados y cortados en rebanadas

6 tazas de caldo de pollo

12 dientes de ajo, machacados

1 ramita de cilantro

6 huevos

Aceite para freír

Sal y pimienta

Calentar en una olla un poco de aceite y freír los ajos a fuego lento hasta que estén transparentes. Agregar el caldo y el cilantro y cocinar 5 minutos.

Bajar la llama, añadir los huevos, de uno en uno, con cuidado para que no se rompan las yemas, y cocinar hasta que se cuajen. Agregar las rebanadas de pan, rectificar la sazón y servir caliente.

Caldo Tlalpeño

Ingredientes para 6 personas:

1 1/2 tazas de garbanzos, puestos en remojo el día anterior

8 tazas de agua

4 alones de pollo

1 cebolla

2 dientes de ajo

1 ramita de cilantro

3 ajíes (chiles chipotles)

3 zanahorias cortadas en rodajas

1 lb de habichuelas frescas (ejotes) cortadas en trozos

Sal

3 limones

Poner en una olla el agua, el pollo, un trozo de cebolla, los ajos y los garbanzos, y cocinar hasta que los garbanzos estén suaves.

Agregar todos los ingredientes restantes, menos los limones, salar y cocinar hasta que las verduras estén tiernas.

Servir con los limones cortados por la mitad y la cebolla restante, picada.

Sopa de flor de calabaza

Ingredientes para 6 personas:

2 lb de flores de calabaza

9 cucharadas de mantequilla

3 cebollas largas, picadas

6 dientes de ajo, picados

6 ajíes (chiles serranos), picados

Una pizca de mejorana, tomillo y orégano, molidos

1 cucharada de perejil fresco picado

8 tazas de caldo de pollo

1 pechuga de pollo deshuesada y cortada en cuadritos

4 champiñones, cortados en rebanadas finas

2 tazas de crema de leche, batida

Sal y pimienta

Desechar los tallos y los pistilos de las flores. Lavar, sacudir para quitar el exceso de agua y picar.

Derretir 3 cucharadas de mantequilla en una sartén, añadir la cebolla, los ajos y los ajíes, picados, saltear y agregar las flores picadas. Revolver, incorporar las especias, y el perejil, sazonar con sal y pimienta, tapar la sartén y cocinar durante 3 minutos.

Calentar el caldo en una olla grande, añadir la mezclar anterior, y cocinar 5 minutos. Retirar y reservar.

A continuación, saltear la pechuga en 3 cucharadas de mantequilla hasta que esté dorada, y reservar.

Saltear en la mantequilla restante los champiñones y reservar.

Por último, añadir al caldo con las flores cocinadas, la pechuga y los champiñones. Corregir la sazón, incorporar la crema de leche, revolver y servir bien caliente.

Papatzules yucatecos

Ingredientes para 6 personas:

18 tortillas
1/2 lb de semillas de calabaza
3 ajíes (chiles serranos) o al gusto
8 huevos
300 g de tomate (jitomate)
1 cebolla
2 hojitas de cilantro
Manteca de cerdo
Sal

Tostar las semillas y molerlas con los ajíes previamente asados. Amasar esta pasta con un chorrito de agua caliente y exprimirla, reservando la grasita de la semilla que sale al exprimirla. Añadir a la pasta de semillas unas dos tazas de agua caliente y poner a fuego lento, sin permitir que llegue a hervir.

Mientras tanto, cocinar los huevos por espacio de 20 minutos, dejar enfriar, pelarlos y picarlos, salándolos al gusto.

Asar aparte los tomates, pelar y licuar con un trozo de cebolla, sal y las hojas de cilantro. Freír esta salsa en un poco de manteca hasta que espese.

Finalmente, calentar las tortillas y mojarlas en la salsa de pepita de calabaza. Rellenarlas con el huevo picado y enrollarlas. Acomodar en un platón y bañarlas con más salsa de pepita, la salsa de tomate y la grasa que salió al exprimir las semillas. Servir caliente.

Molotes poblanos

Ingredientes para 8 personas:

1/2 lb de carne de cerdo, en trocitos
2 papas
1/2 queso fresco
2 lb de masa de maíz
1 cebolla pequeña
Ajíes (chiles) frescos al gusto
Manteca de cerdo o aceite
Sal

Poner la carne en una olla, cubrirla con agua, salar y cocinar hasta que esté tierna.

Mientras tanto, cocinar las papas, pelarlas y moler junto con el queso fresco. Mezclar con la masa de maíz, salar y agregar un poco de agua, amasando hasta que la mezcla esté homogénea.

A continuación, picar finamente la cebolla y freír lentamente hasta que esté transparente. Añadir los ajíes picados y la carne cocinada y deshebrada.

Seguidamente preparar tortillas con la mezcla anteriormente preparada. Rellenar con la carne doblar cada tortilla apretando los bordes para que no se salga el relleno y freír en abundante aceite o manteca. Dejar escurrir sobre papel absorbente de cocina, antes de servir.

Botana de chicharrón

Ingredientes para 4 personas:

1 lb de chicharrón
1 cebolla picada
Ajíes (chiles) en vinagre, al gusto
3 cucharadas de aceite
El jugo de un limón
Sal

Cortar el chicharrón en trocitos pequeños y mezclar con la cebolla y los ajíes. Añadir el aceite, el jugo de limón y sal, revolver bien y dejar reposar 1 hora.

Servir con tortillas calientes.

Enchiladas de camarón

Ingredientes para 6 personas:
18 tortillas
1/2 lb de camarón seco
1/2 lb de tomatillo verde
1/2 lb de tomates, (jitomates)
Ajíes al gusto (chiles mirasol)
1 cebolla
1 queso fresco
1 lechuga
1 manojo de rábanos
Aceite y manteca para freír
Sal

Tostar el camarón seco a fuego lento, sin dejar de remover. Cocer los tomatillos verdes, previamente pelados, no muy prolongadamente para que no se amarguen. Cocinar ligeramente los tomates, y pelarlos. Freír los ajíes secos y verter en la licuadora todos estos ingredientes, licuar y freír hasta que la salsa espese. Salar.

Pasar las tortillas por manteca bien caliente, escurrirlas y mojarlas en la salsa de camarón. Rellenarlas con cebolla picada mezclada con queso fresco y enrollarlas. Servir sobre hojas de lechuga, con rabanitos en rebanadas y más queso fresco.

Empanadas de cazón

Ingredientes para 4 personas:
1 lb de cazón
4 dientes de ajo
1 cebolla mediana
Hierbas de olor, al gusto
2 tomates (jitomates)
Cilantro picado, al gusto
1 lb de masa de maíz
1/2 taza de harina de trigo
2 cucharadas de polvo de hornear
Aceite para freír
Sal y pimienta

Cocinar el cazón en agua hirviendo con 2 dientes de ajo, la mitad de la cebolla, las hierbas de olor y sal. Una vez cocinado enfriar y desmenuzar.

Asar y pelar los tomates. Licuarlos junto con los dientes de ajo y la cebolla sobrantes y freír el puré obtenido. Agregar el cazón desmenuzado y cilantro al gusto. Sazonar con sal y pimienta y cocinar durante unos minutos.

Mezclar la masa de maíz, la harina y el polvo de hornear con un poco de agua y sal. Formar pequeñas tortillas, poner en el centro una cucharada del relleno de cazón preparado, doblar y pegar las orillas. Freír en aceite caliente y servir.

Chalupas de pollo

Ingredientes para 4 personas:
1/2 pechuga de pollo
2 papas
8 tortillas pequeñas
1/2 cebolla, picada
6 rabanitos, picados
2 cucharadas de cilantro, picado
Ají pique al gusto
1/2 taza de queso molido
Aceite para freír
Sal

Cocinar la pechuga de pollo en un recipiente con agua y sal, escurrirla y deshebrarla.

Mientras tanto, cocinar ligeramente las papas. Pelarlas, cortar en cuadraditos y freír.

Pasar las tortillas por aceite, escurrir y poner encima las papas fritas. Cubrir con el pollo deshebrado, la cebolla, los rabanitos, y el cilantro. Rociar con el ají y espolvorear con el queso molido.

Tacos al pastor

Ingredientes para 4 personas:

24 tortillas pequeñas y delgadas
1 lb de bisteces de cerdo
1 chorro de vinagre
3 ajíes (chiles anchos)
3 dientes de ajo
Comino molido
4 granos de pimienta
1 trozo grande de piña
2 cebollas
1 manojo de cilantro
Sal

Macerar los bisteces en un chorro de vinagre durante 1/2 hora.

Mientras tanto, asar los ajíes, remojarlos y licuar junto con los ajos, el comino, la pimienta y sal. Añadir esta mezcla a los bisteces y dejar en maceración otra 1/2 hora.

A continuación, asar los bisteces a las brasas o en un rosticero con el trozo de piña encima. Cortar los bisteces en trocitos pequeños, rellenar con ellos las tortillas, previamente pasadas por grasa y calentadas.

Servir cada taco con un trocito de piña asada, bastante cebolla y cilantro picados y con salsa al gusto.

Quesadillas de huitlacoche

Ingredientes para 6 personas:

2 lb de hongos del maíz (huitlacoche)
Ajíes (chile serrano) al gusto
1 cebolla finamente picada
4 dientes de ajo
1 rama de cilantro
18 tortillas recién hechas
Aceite para freír
Sal

Lavar bien los hongos, y asar y picar los ajíes.

Freír la cebolla y los ajos. Agregar los ajíes, los hongos, el cilantro y sal. Tapar y cocinar a fuego lento hasta que los hongos estén cocidos.

Rellenar las tortillas con la mezcla, doblarlas apretando los bordes para que no se salga el relleno y freírlas por ambos lados.

Molletes

Ingredientes para 6 personas:

12 panecillos (bolillos) pequeños
2 tomates (jitomate)
1 cebolla pequeña
Ají al gusto
1 ramita de cilantro
2 tazas de fríjoles cocidos
1 queso fresco, rallado
1 queso asadero, rallado
2 cucharadas de aceite
Mantequilla
Sal

Picar finamente los tomates, la cebolla, los ajíes y el cilantro. Mezclar todo bien, añadir el aceite y salar.

A continuación, moler los fríjoles en un poquito de su caldo y freír en un poco de manteca, hasta que estén bien resecos.

Partir los panecillos por la mitad, retirar un poco de la miga y untar la parte interna con un poco de mantequilla.

A continuación untarlos con los fríjoles molidos y esparcir por encima un poco de los quesos, fresco, y asadero. Hornear con el broiler encendido hasta que los quesos se gratinen y servir con la salsa de tomate preparada inicialmente.

Huevos a la oaxaqueña

Ingredientes para 4 personas:

8 huevos
4 tazas de agua
4 tomates (jitomates)
1 cebolla blanca, grande
6 dientes de ajo
2 ajíes (chiles de agua)
2 rebanadas de cebolla blanca
6 ramitas de cilantro fresco
Aceite para freír
Sal

Poner el agua en una olla junto con los tomates, la cebolla, 4 dientes de ajo y los ajíes, y cocinar durante 30 minutos. Escurrir, reservar el agua y pasar todos los ingredientes por la licuadora, junto con los dientes de ajo restantes y un poco del agua reservada.

Calentar aceite en una sartén, dorar las rebanadas de cebolla, retirarlas con una espumadera y agregar el puré anteriormente preparado, salar, añadir 2 ramitas de cilantro, picadas y cocinar hasta que la grasa empiece a subir a la superficie, alrededor de 15 minutos.

Mientras tanto, calentar aceite en una sartén, batir los huevos, y condimentar con sal y cilantro. Verter en la sartén y cocinar hasta que estén cuajados por debajo. Dar la vuelta y cocinar la tortilla hasta que esté totalmente cuajada. Seguidamente, cortar la tortilla en pedazos y agregarle la salsa de tomate preparada. Cocinar a fuego lento durante 20 ó 25 minutos y, si la salsa espesa demasiado, añadir un poco de agua.

Para servir, verter en una fuente, adornar con cilantro y acompañar con tortillas frescas y fríjoles.

Huevos rellenos

Ingredientes para 4 personas:

8 huevos
2 cucharadas de mostaza
3 cucharadas de perejil picado
Harina de trigo
1 huevo, batido
Miga de pan desmenuzada
Aceite para freír
Sal y pimienta

Cocinar los huevos en agua durante 15 minutos. Pasar por agua fría y pelar. Partirlos por la mitad, a lo largo, y retirar las yemas con cuidado para que no se rompan las claras.

A continuación, preparar una pasta con las yemas, la mostaza, el perejil, sal y pimienta. Rellenar las claras con la pasta y unir las dos mitades, presionando un poco con las manos para que no se separen.

Pasar los huevos rellenos por harina, huevo batido y miga de pan desmenuzada y freír en aceite caliente. Servir con ensalada al gusto.

Huevos "Rabo de Mestiza"

Ingredientes para 4 personas:

8 huevos
2 tomates (jitomates) grandes
1/2 cebolla, picada
1 diente de ajo
6 cucharadas de aceite
2 ajíes grandes (chile poblano), asados, y cortados en tiras.
4 cucharadas de queso cheddar, rallado
4 cucharadas de crema de leche, batida
Sal y pimienta recién molida

Licuar los tomates junto con la cebolla y los ajos, y freír en el aceite caliente, durante 5 minutos. Sazonar con sal y pimienta y cocinar 5 minutos más.

A continuación, cascar los huevos e ir poniéndolos sobre la salsa de tomate, con cuidado para que no se rompan. Bajar el fuego, añadir las tiras de ají y el queso, y cocinar hasta que los huevos cuajen.

Antes de servir, adornar con la crema de leche y acompañar con tortillas de maíz.

Fríjoles maneados

Ingredientes para 8 personas:

2 lb de fríjoles 'pintos' o 'bayos', limpios, lavados y remojados
durante la noche en suficiente agua para que los cubra

1 cebolla blanca

1/2 cabeza de ajos, sin pelar

Sal al gusto

Para la salsa:

1/4 taza de mantequilla o manteca

1/3 taza de aceite vegetal

6 ajíes (chiles anchos) sin semillas y desvenados, asados,
limpios, remojados en agua y licuados

1 cebolla blanca picada

1 cucharada de ají molido o de polvo de ají

3 tazas de queso rallado

Sal al gusto

Poner los fríjoles, la cebolla y el ajo en una olla grande de barro o de cerámica y aumentar tres veces el volumen de los fríjoles de agua. Cuando comiencen a hervir, disminuir el fuego y dejar hervir a fuego lento durante 1 1/2 horas. Si es necesario, agregar agua mientras se cuecen. Cuando los fríjoles estén suaves, poner sal al gusto y pasar por la licuadora.

A continuación, calentar la mantequilla y el aceite en una sartén y agregar los ajíes, la cebolla y el ají molido. Freír hasta que esta mezcla forme una salsa espesa. Poner un poco de sal y, gradualmente, agregar los fríjoles molidos, revolviendo y cocinando a calor suave hasta que la mezcla espese. Añadir el queso poco a poco y cocinar a fuego lento hasta que la mezcla de fríjoles espese un poco.

Para servir, poner los fríjoles en un platón, acompañados de tortillas de harina recién hechas.

Berenjenas empanizadas

Ingredientes para 4 personas:

2 berenjenas

2 huevos

1 taza de miga de pan desmenuzada

Aceite para freír

Sal

Pelar las berenjenas, cortar en rebanadas delgadas y remojar en agua con sal durante 1/2 hora. Escurrir y secar bien. Batir los huevos y pasar las rebanadas de berenjena primero por huevo y a continuación por la miga de pan. Freír en aceite bien caliente hasta que se doren y dejar escurrir sobre servilletas de papel para quitar el exceso de grasa.

Ensalada de espinacas

Ingredientes para 4 personas:

1 manojo de espinacas

2 huevos

1/2 cebolla morada rebanada finamente

2 cucharadas de aceite

1 taza de yogurt natural

2 cucharaditas de nueces picadas

Sal y pimienta

Cocinar los huevos durante 20 minutos, pelarlos y picarlos. Mientras tanto, lavar, escurrir y picar las espinacas.

En una ensaladera mezclar las espinacas, la cebolla morada y agregar los huevos picados.

Batir el aceite con el yogurt. Añadir sal y pimienta. Verter el aderezo sobre la mezcla de espinacas y revolver con cuidado. Poner encima las nueces y refrigerar antes de servir.

Habichuelas con cebolla y tomate

Ingredientes para 4 personas:

2 lb de habichuelas (ejotes) cortadas en trozos

2 dientes de ajo

3 cucharadas de vinagre de vino tinto

1 ramita de tomillo fresco o 1 cucharadita de tomillo seco

1/2 taza de aceite

1 tomate (jitomate), picado

3 cucharadas de cebolla picada

1 cucharada de orégano seco

Sal y pimienta

Cocer las habichuelas en agua hirviendo con sal durante 8 ó 10 minutos hasta que estén casi hechas pero crujientes. Escurrir, sumergir en agua helada 10 minutos, secar y reservar.

Pasar por la licuadora los dientes de ajo junto con el vinagre, el tomillo, sal y pimienta y, con la licuadora en marcha, ir vertiendo poco a poco, el aceite.

Unos 20 minutos antes de servir, mezclar las habichuelas con el tomate y la cebolla, añadir la vinagreta y espolvorear con el orégano.

Chileajo

Ingredientes para 4 personas:

1/2 lb de ajíes (chile chilcosle)

12 dientes de ajo

6 cucharadas de vinagre

1 lb de papas cocidas

100 g de habichuelas (ejotes), cocidas

100 g de zanahorias cocidas

100 g de coliflor cocida

2 cucharadas de queso fresco

1 cebolla cortada en aros

Un poco de orégano

Sal

Asar ligeramente los ajíes, poner en remojo y licuarlos junto con los ajos. Agregar el vinagre, sal y un poquito de agua. Mezclar con todas las verduras cocidas y picadas y colocar en un platón.

Espolvorear con el queso desmenuzado, la cebolla en aros y un poco de orégano, picado.

Arroz al estilo costeño

Ingredientes para 6 personas:

2 tazas de arroz de grano largo

1/4 de cebolla

3 dientes de ajo

1/2 taza de agua

5 cucharadas de aceite

3/4 lb de zanahorias

4 tazas de agua caliente

2 cucharaditas de sal

1 1/2 tazas de granos de maíz fresco

2 tazas de repollo picado

Enjuagar el arroz en agua templada durante 5 minutos, aclarar y escurrir.

A continuación, licuar la cebolla junto con los dientes de ajo y la 1/2 taza de agua y reservar.

Calentar el aceite en una olla grande, añadir el arroz y saltearlo, revolviendo ligeramente, hasta que los granos se separen y empiecen a transparentarse. Escurrir el exceso de aceite y añadir las zanahorias, cocinando durante 2 minutos. Agregar el puré de cebolla con ajos y cocinar 2 minutos más. Incorporar el agua, salar y cuando el agua comience a hervir, agregar el maíz y el repollo. Tapar la olla y cocinar a fuego medio durante 20 minutos, o hasta que el arroz esté tierno y haya absorbido el agua.

Huachinango con alverjas y ostras

Ingredientes para 4 personas:

1 1/2 lb de pargo (huachinango), cortado en rebanadas
2 limones grandes
3 tomates (jitomates), asados y pelados
1 cebolla, picada
1 lata de ostras (ostiones)
1 lata de alverjas (chícharos)
1/2 taza de aceite
Sal

Poner el pescado en un recipiente, salar y rociar con el jugo de los limones. Dejar reposar 1/2 hora.

A continuación, licuar los tomates y freír junto con la cebolla. Cuando la salsa haya tomado un poco de consistencia, agregar el pescado y, a media cocción, incorporar las ostras y las alverjas con un poco de sus respectivos jugos. Terminar la cocción y si la salsa espesa demasiado, añadir un poco más de los jugos de las latas.

Ostiones en escabeche

Ingredientes para 6 personas:

1 1/2 lb de ostras (ostiones)
10 dientes de ajo
3 ramilletes de coliflor
3 zanahorias, en rebanadas
1/2 taza de aceite
1 cebolla blanca, en rebanaditas finas
2 hojas de laurel
1/2 cucharadita de mejorana seca
1/2 cucharadita de tomillo seco
1/2 cucharadita de granos de pimienta negra
2 cucharadas de orégano seco
1/2 taza de rodajitas de pepinillo en vinagre
3 cucharadas de vinagre de sidra
1/2 taza de alverjas (chícharos)
1/2 taza de cebollitas en vinagre
Sal y pimienta
Ajíes en vinagre, en rodajitas
Limones en gajos

Salpicón de jaiba

Ingredientes para 8 personas:

3 lb de carne de jaiba limpia
3/4 taza de aceite de oliva
6 cucharadas de mantequilla
6 dientes de ajo picados
2 cebollas blancas, picadas
4 ajíes (chiles jalapeños) de lata, picados
1/2 taza del caldillo de los ajíes enlatados
1/3 taza de zanahorias encurtidas picadas
4 tomates (jitomates) medianos picados
1/2 taza de perejil fresco, picado
1/2 taza de cilantro fresco, picado
Sal y pimienta al gusto

Calentar el aceite y la mantequilla en una sartén y saltear las cebollas y los dientes de ajo.

Agregar todos los ingredientes restantes, excepto la carne de jaiba. Sazonar con sal y pimienta y cocinar a fuego lento alrededor de 25 minutos, hasta que espese.

Incorporar la jaiba y saltear hasta que de nuevo espese. Rectificar la sazón y servir acompañado de tortillas recién hechas.

Poner los ajos en un recipiente, cubrir con agua, añadir sal y cocinar durante 4-5 minutos. Secar y reservar.

Cocinar los ramitos de coliflor y las zanahorias en agua con sal durante 1 minuto. Secar y reservar.

Calentar el aceite en una sartén grande, añadir la cebolla y cocinar hasta que esté dorada. Agregar los ajos, la coliflor, las zanahorias, las hojas de laurel, la mejorana, el tomillo, la pimienta en grano, el orégano y salar al gusto.

Abrir las ostras y agregarlas a la mezcla anterior, con su jugo y cocinar hasta que las orillas de las ostras se curven. Menos de 5 minutos. Retirar del fuego y dejar enfriar.

A continuación, incorporar los pepinillos en vinagre, el vinagre de sidra, las alverjas y las cebollitas. Sazonar con sal y pimienta y poner en el refrigerador hasta el momento de servir.

Para servir, poner en un recipiente grande, decorar con los gajos de limón, y servir los ajíes en un platillo aparte.

Mero al mojo isleño

6 filetes de mero

6 dientes de ajo

2 cebollas cortadas en aros finos

3 tomates (jitomates), licuados y colados

1 pimentón rojo (pimiento morrón), picado

10 aceitunas sin hueso

2 cucharadas de vinagre

1 hoja de laurel

Aceite para freír

Sal

Freír en una sartén los dientes de ajo hasta que se doren. Desecharlos y en la misma grasa, freír los filetes de pescado hasta que se doren por ambos lados y estén hechos por dentro. Retirar y reservar.

A continuación, freír la cebolla hasta que se ponga transparente. Añadir los tomates y el pimentón y freír. Incorporar las aceitunas, el vinagre y el laurel y cocinar 10 minutos a fuego bajo.

Por último, verter la salsa sobre los filetes y servir.

Pescado en salsa poblana

Ingredientes para **6 personas:**

6 rebanadas o filetes de pescado

6 ajíes grandes (chiles poblanos)

2 dientes de ajo

1 trozo de cebolla

1/2 taza de requesón

Aceite para freír

Sal

Asar, pelar y desvenar los ajíes. (Remojarlos en agua con sal, si no quiere que piquen). Licuar junto con el ajo y la cebolla y freír en aceite hasta que la salsa espese. Añadir una taza de agua, el requesón y salar al gusto. Revolver para que todo se mezcle.

A continuación, lavar el pescado, añadirlo a la salsa y cocinar durante 15 minutos. Acompañar con arroz blanco.

Pámpano con cerveza

Ingredientes para **6 personas:**

6 rebanadas gruesas de pez sierra (pámpano)

2 ajíes grandes (chiles poblanos)

1 cebolla

El jugo de 2 limones

Mantequilla

1 botella de cerveza

Una pizca de color (pimentón en polvo)

2 cucharadas de harina de trigo

Sal y pimienta

Asar los ajíes, pelar y cortar en rajitas. Cortar la cebolla en aros finos.

Sazonar con sal y pimienta las rebanadas de pescado, bañarlas con el jugo de limón y dejar reposar 1/2 hora.

A continuación, colocarlas en un molde refractario, engrasado con la mantequilla. Rociar con la cerveza y condimentar con el color. Agregar las rajitas de ají y la cebolla y un poco más de jugo de limón. Tapar el recipiente con papel de aluminio e introducir en el horno, precalentado a 180° C (350° F), durante 15 minutos, o hasta que el pescado esté bien hecho. Retirar del horno, y reservar.

Dorar en una sartén la harina, añadirle toda la salsa del pescado y cocinar, sin dejar de revolver, hasta que espese.

Servir el pescado bañado con la salsa, bien caliente.

Aguacates rellenos de callo de hacha

Ingredientes para 6 personas:

3 aguacates grandes maduros pero firmes
1 lb de conchas de peregrino (callo de hacha) abiertas y limpias
5 cucharadas de jugo de lima
1 cucharada de orégano fresco, picado
1 cucharada de cilantro fresco, picado
1/2 taza de aceite
Sal y pimienta recién molida

Poner la carne de las conchas en un recipiente de cristal, rociar con el jugo de lima, espolvorear con el orégano y el cilantro y añadir el aceite. Sazonar con sal y pimienta y dejar macerar durante 15-20 minutos hasta que la carne de las conchas esté opaca. Cortar en trocitos y reservar.

A continuación, cortar cada aguacate por la mitad, a lo largo. Desechar el hueso y retirar la pulpa con una cucharita, reservando las cáscaras.

Mezclar la pulpa de los aguacates con la carne de las conchas y rellenar de nuevo los aguacates con la mezcla.

Cebiche de huachinango

Ingredientes para 4 personas:

1 lb de pargo (huachinango) en filetes
3/4 taza de jugo de lima
3 ajíes (chiles serranos), sin semillas y cortados en tiritas
1 taza de aros de cebolla
1 cucharada de orégano fresco
Sal y pimienta recién molida

Cortar el pescado en tiras de 5 cm de largo por 1/2 cm de ancho, y colocar en un recipiente de cristal. Añadir el jugo de lima, los ajíes, la cebolla, el orégano y sal y pimienta al gusto. Revolver y dejar en maceración 10 minutos.

A continuación, escurrir el exceso de jugo, rectificar la sazón y servir frío.

Camarones a la mexicana

Ingredientes para 6 personas:

2 lb de camarones, pelados
2 cucharadas de aceite
1 cebolla finamente picada
4 dientes de ajo, picados
2 lb de tomates (jitomates) pelados y picados
1/2 cucharadita de pimienta recién molida
2 hojas de laurel
1 1/2 cucharadas de tomillo seco
2 cucharadas del jugo de ajíes en lata
2 cucharadas de mantequilla
3 cucharadas de perejil picado
Ajíes en lata (chiles güeros), al gusto
Sal

Calentar el aceite en una sartén grande y saltear la cebolla y los ajos durante 2 minutos, hasta que estén transparentes. Añadir los tomates y cocinar a fuego medio 5 minutos, sin dejar de revolver. Agregar la pimienta, el laurel, el tomillo y el jugo de los ajíes, tapar y cocinar lentamente otros 5 minutos. Salar.

A continuación, derretir la mantequilla y saltear ligeramente los camarones. Añadirlos a la salsa anteriormente preparada y cocinar a fuego lento durante 3 ó 4 minutos. Salpicar con perejil picado y decorar con los ajíes.

Higaditos al chipotle

Ingredientes para 4 personas:

24 higaditos de pollo
1 lb de tomates (jitomates)
2 ó 3 ajíes adobados (chiles chipotles)
1 diente de ajo
1 trocito de cebolla
Aceite para freír
Sal

Cocinar los tomates, pelarlos y licuar junto con los ajíes, el ajo, la cebolla y sal.
A continuación, freír en aceite caliente los higaditos hasta que estén dorados. Cubrir con el puré de tomate y hervir hasta que la salsa esté cocinada y los higaditos hechos.

Pollo en pipián

Ingredientes para 4 personas:

1 pollo cortado en trozos
2 trozos de cebolla
1/2 taza de semillas de ajonjolí
2 cucharadas de almendras peladas
4 granos de pimienta
2 clavos de olor
Una pizca de comino
10 tomates (jitomates)
Ají (chile) al gusto
3 dientes de ajo
3 hojas de lechuga
4 ramas de cilantro fresco
2 hojas de hierbabuena (hierba santa)
1 taza de pepita de calabaza
Aceite o manteca para freír
Sal

Lavar el pollo y cocinar en agua con sal y un trozo de cebolla hasta que esté tierno.

Mientras tanto, tostar el ajonjolí y licuarlo junto con las almendras, la pimienta, los clavos de olor, el comino y un poco de agua. Verter en una olla con un poco de aceite o manteca, y freír.

Licuar los tomates junto con ají, los ajos, el trozo de cebolla restante y las hojas de lechuga y verter en la olla junto con el cilantro y la hierbabuena. Cocinar revolviendo de vez en cuando.

A continuación, freír en una sartén la pepita de calabaza, licuarla con un poco del caldo de pollo y agregar a la olla. Continuar cocinando hasta que la salsa espese.

Por último, añadir los trozos de pollo cocido y 4 tazas de su caldo. Rectificar la sazón y servir.

Guajolote en escabeche

Ingredientes para 12 personas:

1 pavo (guajolote) de 16 ó 17 lb
4 tazas de agua
1 puerro cortado en rebanadas
2 nabos cortados en rebanadas
4 zanahorias cortadas en rebanadas
2 cebollas blancas cortadas en cuatro
6 a 8 ramas de apio, picadas grueso
1 cucharada de pimienta en grano
1 cucharada de pimienta negra, molida
Sal al gusto

Para el escabeche:

1 1/2 tazas de aceite
6 cebollas blancas rebanadas y desflemadas en agua caliente
6 dientes de ajo, machacados
6 hojas de laurel, desmenuzadas
2 cucharadas de orégano seco
1 cucharada de pimienta en grano
1 cucharada de pimienta molida
2 cucharadas de azúcar
1 1/2 tazas de vinagre
1/2 taza de caldo de pavo
Sal al gusto

Poner el pavo en una olla grande junto con el agua y los ingredientes restantes, y cocinar durante 3 horas hasta que el pavo esté tierno. Dejar enfriar en su propio caldo.

Preparar el escabeche. Calentar el aceite en una sartén pesada. Agregar las cebollas, los dientes de ajo, el laurel, el orégano y las pimientas, el azúcar y la sal y cocinar 4 ó 5 minutos hasta que la cebolla esté transparente.

Incorporar el vinagre y el caldo y dejar que rompa a hervir. Apagar el fuego, tapar y dejar reposar 20 minutos.

Poner el pavo en un recipiente hondo, verter por encima el escabeche y dejar reposar un par de horas o mejor toda la noche.

Para servir, cortar el pavo en rebanadas y poner en emparedados o servir en tacos.

Mixiotes

Ingredientes para 4 personas:

3 lb de carne surtida de res, en trozos
12 ajíes anchos (chiles)
10 ajíes pequeños, secos (chiles morita)
4 dientes de ajo
1/2 cucharadita de comino
6 hojas de aguacate cortadas en trozos
12 hojas de maguey (mixiotes)
Sal

Desvenar los ajíes, poner en remojo y licuar junto con los ajos, el comino y un poco de sal.

Colocar los trozos de carne en la salsa de ají preparada y dejar macerar 4 horas.

Poner en remojo las hojas de maguey para que sean más manejables y colocar en cada una unos trozos de carne con un poco de salsa, y media hoja de aguacate. Cerrar la hoja de maguey, formando una bolsita, amarrar con un hilo y cocinar las bolsitas al vapor, durante 3 ó 4 horas. Servir con tortillas.

Mole amarillo

Ingredientes para 6 personas:

1 lb de carne de cerdo, cortada en cuadritos
1 lb de costillas de cerdo
8-10 tazas de agua
2 dientes de ajo
1/2 cebolla pequeña
1 cucharada de sal
1/2 lb de alverjas (chícharos)
2 chayotes, pelados y cortados en cuartos (opcional)
1/2 lb de calabacitas, cortadas en cuadritos
Cebolla y lima en rodajas, para decorar

Para el mole:

2 ajíes anchos (chiles)
4 ajíes pequeños (chiles guajillos)
1 tomate (jitomate) grande
1/2 lb de tomates verdes, pelados
2 clavos de olor
2 granos de pimienta negra
1/2 cucharadita de comino en polvo
6 dientes de ajo
2 cucharadas de manteca
2 hojas de hierbabuena (hierba santa)

Poner las carnes en una olla grande, cubrir con el agua, añadir la cebolla, los ajos y la sal y cocinar durante 40 minutos, hasta que la carne esté medio cocinada, espumando varias veces la superficie.

Añadir las alverjas, los chayotes y las calabacitas, tapar y cocinar hasta que todo esté tierno. Escurrir y reservar el caldo.

Mientras tanto, preparar el mole. Asar los ajíes y desechar las semillas. Poner en un recipiente junto con el tomate y los tomates verdes, cubrir con agua hirviendo y cocinar durante 7 minutos. Escurrir, pasar a la licuadora, añadir los clavos de olor, la pimienta, el comino y los ajos y licuar.

A continuación, derretir la manteca en una olla, añadir el puré y cocinar, revolviendo, durante 8 minutos. Añadir 6 tazas del caldo reservado y la hierbabuena, y cocinar, tapado, durante 10 minutos. Rectificar la sazón.

Seguidamente, incorporar las carnes y los vegetales reservados, llevar a ebullición y servir, decorado con la cebolla y las rodajas de lima.

Costillas en salsa verde

Ingredientes para 6-8 personas:

4 lb de costillas de cerdo, cortadas en trozos
1/2 cucharadita de comino
6 dientes de ajo, machacados
2 cucharadas de manteca o aceite (opcional)
4 tazas de agua
6 dientes de ajo enteros
1 trozo de cebolla picada
8 ajíes (chiles serranos)
2 lb de tomates verdes (jitomates), pelados
8 ramitas de cilantro
Sal y pimienta recién molida

Mezclar el comino, los ajos machacados y sal y restregar la mezcla sobre las costillas. Dejar reposar durante 1 día.

Poner las costillas en una olla, cubrir con agua, llevar a ebullición, bajar el fuego, tapar y cocinar aproximadamente 1 hora, hasta que el líquido se haya evaporado y la carne se desprenda fácilmente del hueso. Debería haber grasa en la olla, procedente de la carne, si no fuera así, añadir la manteca o el aceite, freír las costillas durante 10 minutos, retirarlas y reservar la grasa.

Poner el agua y los dientes de ajo en un recipiente. Dejar que rompa a hervir, añadir la cebolla y los ajíes y cocinar 5 minutos. Agregar los tomates verdes y cocinar 4 minutos. Verter en la licuadora los tomates, los ajíes, los ajos y la cebolla. Añadir 2 tazas del líquido de cocción y licuar. Incorporar el cilantro, y licuar de nuevo. Si el puré es demasiado espeso, agregar un poco más del líquido de cocción.

En una sartén grande, calentar 2 cucharadas de la grasa reservada, añadir la salsa de tomate y cocinar a fuego lento, tapado, durante 10 minutos.

Verter la salsa sobre las costillas, revolver y cocinar a fuego lento 20 minutos. Sazonar con sal y pimienta y servir.

Aguayón con hongos

Ingredientes para 4 personas:

1 1/2 lb de punta de lomito (aguayón), cortado en cuadritos
2 tazas de hongos
3 tomates (jitomates)
3 dientes de ajo
1 trozo de cebolla
Clavos de olor, molidos
Canela en polvo
3 ajíes verdes (chiles jalapeños)
Aceite para freír
Sal y pimienta

Poner la carne en un recipiente. Cubrir con 3 tazas de agua y cocinar hasta que esté tierna.

Mientras tanto, lavar y limpiar los hongos.

A continuación, licuar los tomates con los ajos y la cebolla, y sazonar con una pizca de clavos de olor, canela y pimienta. Poner en una olla y freír hasta que espese ligeramente. Agregar la carne, los hongos, los ajíes y un poco del caldo de la carne. Salar y cocinar 15 minutos para que la salsa espese ligeramente y los hongos estén tiernos.

Rollo de carne

Ingredientes para 4 personas:

1 1/2 lb de carne molida de res
1 panecillo (bolillo)
1/2 taza de leche
3 zanahorias en cuadritos
1/2 lb de habichuelas (ejotes) cortados en cuadritos
1 huevo
2 dientes de ajo, picados
Hierbas de olor
Sal y pimienta

Cortar el panecillo en trocitos, ponerlo en un recipiente y bañarlo con la leche. Dejar en remojo para que se empape.

Cocinar las verduras ligeramente en agua hirviendo con sal. Escurrir y reservar.

Mezclar en un recipiente la carne con el panecillo, el huevo, los dientes de ajo y sal y pimienta.

A continuación, extender la carne sobre un trapo húmedo. Poner las verduras encima y enrollarla. Envolver en el trapo y atar para que quede apretado.

Seguidamente, cocinar en agua hirviendo con las hierbas de olor, durante 40 minutos. Desenvolver y cortar en rebanadas.

Carne a la tampiqueña

Ingredientes para 6 personas:

6 tiras delgadas de punta de lomito (aguayón) sin aplanar
2 ajíes (chiles anchos) grandes
1 tomate (jitomate)
1 diente de ajo
1 trozo de cebolla
Limones
6 trozos de queso asadero
6 tortillas
Aguacates
Cebolla en aros
Aceite para freír
Sal

Tostar, desvenar y remojar los ajíes. Licuarlos junto con el tomate, el diente de ajo, la cebolla y sal y freír en aceite hasta que espese.

Rociar la carne con jugo de limón, salar y asar a la parrilla, de preferencia en lumbre de carbón.

Asar ligeramente el queso, cuidando que no se queme.

Por último, colocar en cada plato una tira de carne, un trozo de queso asado, una tortilla pasada por la salsa y doblada, medio limón, y aguacate y aros de cebolla.

Buñuelos a la Veracruzana

Ingredientes para 24 buñuelos:

2 tazas de agua
3 cucharadas de mantequilla
1 cucharadita de sal
2 cucharaditas de azúcar
1 cucharadita de astillas de canela desmenuzadas
1 cucharadita de semillas de anís
2 1/4 tazas de harina de trigo
6 huevos medianos
2 tazas de aceite de maíz o de girasol
2 tazas de manteca

Para la miel:

3 tazas de azúcar morena
6 tazas de agua
4 astillas de canela, cada una de 15 cm de largo
1 cucharada de semillas de anís

Verter el agua, mantequilla, sal, azúcar, canela y anís en una cacerola y poner todo a hervir durante 8 minutos. Agregar toda la harina. Batir con una cuchara hasta que los ingredientes estén bien mezclados y se separe la masa de las paredes del recipiente. Retirar del fuego y enfriar 3 horas. Agregar los huevos de uno en uno, batiendo a mano o con una batidora eléctrica después de cada huevo.

Medir de 2 a 3 cucharadas de la masa. Con las manos engrasadas, formar una tira y darle forma de rosca, más o menos de 10 cm de diámetro, asegurándose de que el agujero del centro sea grande.

Calentar el aceite y la manteca en una sartén profunda para freír. Probar la temperatura con un poco de la pasta. El aceite estará listo cuando la pasta chisporrotee al dejarla caer en el aceite. Disminuir un poco el fuego y freír las roscas alrededor de 3 ó 4 minutos de cada lado o hasta que doren. Sacar del aceite y escurrir el exceso de grasa con servilletas de papel. Mantenerlas calientes hasta el momento de servirlas.

Preparar la miel: Mezclar en un recipiente el azúcar con el agua y la canela; agregar el anís y hervir hasta que espese un poco, alrededor de 40 minutos.

Servir los buñuelos calientes en platos hondos individuales que tengan miel caliente. Puede remojarlos, si lo desea, 1 ó 2 minutos en la miel antes de servirlos. Decorar con canela en polvo.

Mousse de tequila

Ingredientes para 8 personas:

2 cucharaditas de gelatina sin sabor
1 taza de azúcar
Una pizca de sal
4 huevos, separadas las yemas de las claras
4 cucharadas de jugo de lima
2 cucharadas de agua
1/2 taza de tequila blanco
4 cucharadas de triple seco
La cáscara rallada de 1 lima

En un recipiente esmaltado mezclar la gelatina, 1/2 taza de azúcar y la sal.
Batir las yemas en un recipiente grande hasta que tengan consistencia cremosa, añadir el jugo de lima y el agua y continuar batiendo. Verter sobre la gelatina y poner el recipiente a fuego medio durante 5 minutos, revolviendo constantemente hasta que la gelatina se disuelva. Retirar del fuego y agregar, sin dejar de revolver, el tequila, el triple seco y la cáscara rallada. Dejar enfriar y poner en el refrigerador.
A continuación, batir las claras a punto de nieve e incorporar, poco a poco, el azúcar restante hasta que esté muy consistente.
Cuando la mezcla de yemas comience a cuajar, incorporar las claras batidas. Verter en un recipiente de servir y refrigerar por lo menos 2 horas. Decorar con cáscara rallada de lima.

Atole blanco

Ingredientes para 6 personas:

1 taza de masa de maíz
8 tazas de agua

Verter 6 tazas de agua en una olla, poner al fuego y calentar.
Con las 2 tazas de agua restantes, disolver la masa y verter en la olla, pasándola por un colador fino. Mover continuamente hasta que espese.

Crepas con cajeta

Ingredientes para 6 personas:

Para los crepes (crepas):

1 taza de harina de trigo, cernida

1 huevo

1 taza de leche

4 cucharadas de mantequilla derretida

1/2 cucharadita de sal

2 cucharadas de agua helada

Para la cajeta:

6 tazas de leche

1/2 lb de azúcar

1 palito de canela

Para la salsa:

1 taza de jugo de naranja

2 cucharadas de azúcar

1 copita de brandy

Poner al fuego en un recipiente de cobre todos los ingredientes de la cajeta. Cuando dé un hervor, retirar la canela y cocinar sin dejar de revolver con una cuchara de madera, hasta que la mezcla esté bien espesa y se despegue de las paredes del recipiente. Retirar y dejar enfriar.

Mientras tanto, preparar los crepes. Mezclar todos los ingredientes revolviendo hasta formar una pasta sin grumos.

Engrasar una sartén pequeña, verter un poco de la pasta y mover la sartén para que cubra todo el fondo. Cuando el crepe esté dorado, dar la vuelta y dorar por el otro lado. Colocarlos en un recipiente tapado, para que no se enfríen.

A continuación, poner un poco de cajeta en cada crepe. Doblarlos formando triángulos, y colocarlos en una fuente de servir.

Poner todos los ingredientes de la salsa en un recipiente y cocinar hasta que espese ligeramente. Rociar los crepes con la salsa y servir.

Torrejas

Ingredientes para 6 personas:

2 tazas de leche

1 astilla de canela

1/2 taza de azúcar

12 rebanadas de pan del día anterior

4 huevos, batidos

Para el almíbar:

2 tazas de agua

2 tazas de azúcar

1 astilla de canela

1 cucharada de tiritas de cáscara de lima

Verter la leche, la astilla de canela y el azúcar en un recipiente y hervir durante 5 minutos. Dejar enfriar.

Colocar las rebanadas de pan en una fuente grande, cubrir con la leche cocida y dejar reposar 1 hora.

Mientras tanto, preparar el almíbar. Poner todos los ingredientes en un recipiente y cocinar hasta que el azúcar se disuelva y el almíbar espese ligeramente. Calentar aceite en una sartén. Sacar las rebanadas de pan de la leche, de una en una, sumerjirlas en los huevos batidos y freír durante 2 ó 3 minutos por cada lado, hasta que estén doradas.

Colocar en una fuente de servir, rociar con el almíbar y espolvorear con azúcar.

Pan de muerto

Ingredientes para 12 personas:

5 tazas de harina de trigo

3 cucharadas de levadura comprimida desmoronada

1 pizca de sal

1 taza de azúcar

5 huevos

5 yemas

2 barras de margarina

1 cucharada de cáscara rallada de naranja

3 cucharadas de agua de azahar

Deshacer la levadura en 4 cucharadas soperas de agua tibia, agregar 1/2 taza de harina y formar una pequeña bola de masa suave. Dejar 15 minutos en un lugar tibio hasta que crezca al doble de su tamaño.

Mientras tanto, cernir la harina con la sal y el azúcar; hacer un hueco en el centro y poner en medio 3 huevos, las 5 yemas, la margarina, la cáscara rallada de naranja y el agua de azahar. Amasar bien y agregar la pequeña bola de masa. Volver a amasar y dejar reposar en un lugar tibio durante una hora. La masa deberá aumentar su tamaño casi al doble.

Volver a amasar, formar los panes del tamaño deseado y ponerlos en latas de horno, engrasadas.

A continuación, batir los 2 huevos para barnizar y pegar.

Adornar con formas de huesos y lágrimas hechas de la misma masa y pegar con huevo batido. Barnizar los panes con huevo y espolvorear con azúcar.

Introducir los panes en el horno, precalentado a 180° C (350° F), durante 30 ó 40 minutos. Retirar del horno y dejarlos enfriar.

— Glosario —

Abacaxi: Ananá, piña.
Abadejo: Bacalao, mojito, reyezuelo.
Abridero: Durazno, gabacho, melocotón, pavia.
Aceitunas: Olivas.
Achín: Ñame.
Achiote: Axiote, bijol, color, onoto, pimentón.
Achuras: Despojos, menudos.
Aguacate: Avocado, chuchi, palta.
Aguayón: Cadera, tapa.
Ahogado: Guiso, hogado, hogao, hogo, refrito, riojo, sofrito.
Ají dulce: Peperrone, pimentón, pimiento.
Ají picante: Conguito, chilcote, chile, guindilla, ñora, pimiento picante.
Ajonjolí: Sésamo.
Albaricoque: Chabacano, damasco.
Alcachofa: Alcaucil.
Alcaucil: Alcachofa.
Almeja: Concha, ostión, ostra.
Almidón de maíz: Chuño, fécula de maíz, maicena.
Almidón de mandioca: Harina de yuca.
Alubia: Caraota, faba, fréjol, frijol, guandú, judía seca, poroto.
Alverjas: Arvejas, chícharos, guisantes.
Amarillo: Banano, cambur, plátano.
Ananá: Abacaxi, piña.
Ancua: Cancha, maíz frito, pororó, rositas de maíz.
Anchoas: Anchovas, boquerones.
Anchovas: Anchoas, boquerones.
Anday: Auyama, calabaza, sambo, zapallo.
Antojitos: Bocadillos.
Aperitivo: Botana, ingredientes, pasabocas, tapas.
Apio: Celeri.
Arasa: Guayaba.
Arvejas: Alverjas, chícharos, guisantes.
Atole: Harina de maíz disuelta en agua o leche.
Atún: Cazón, pescado grande de mar, tiburón, tuna.
Auyama: Anday, calabaza, sambo, zapallo.
Avocado: Aguacate, chuchi, palta.
Axiote: Achiote, bijol, color, onoto, pimentón.
Azúcar impalpable: Glass, pulverizada.
Bacalao: Abadejo, mojito, reyezuelo.
Bacón: Panceta, tocineta, tocino.
Banano: Amarillo, cambur, plátano.
Batata: Boniato, camote, ñame, papa dulce.
Becerra: Mamón, temera.
Berza: Col, repollo, taioba.
Betabel: Beterraba, beterraga, remolacha.
Beterraba: Betabel, beterraga, remolacha.
Beterraga: Betabel, beterraba, remolacha.
Bijol: Achiote, axiote, azafrán, color, onoto, pimentón.
Bocadillos: Antojitos.
Bogavante: Cabrajo, langosta.
Bolillo: Pan blanco.
Bollito: Bollo, cañón, capón, corte de res, muchacho.
Bollo: Bollito, cañón, capón, corte de res, muchacho.
Boniato: Batata, camote, ñame, papa dulce.
Boquerones: Anchoas, anchovas.
Borrego: Cordero, oveja.
Botana: Aperitivo, ingredientes, pasabocas, tapas.
Brécol: Brócoli, coliflor.
Breva: Higo.
Brin: Azafrán, croco.
Brócoli: Brécol, coliflor.
Burucuyá: Pasiflora, pasionaria.
Butifarra: Chorizo, salchicha.
Cabrajo: Bogavante, langosta.
Cabrito: Chivo.
Cacahuacintle: Variedad de maíz, de mazorca grande y grano redondo y tierno.

Cacahuate: Cacahuet, cacahuete, maní.
Cacahuet: Cacahuate, cacahuete, maní.
Cacahuete: Cacahuate, cacahuet, maní.
Cacao: Chocolate, cocoa.
Cachipai: Chontaduro.
Cadera: Aguayón, tapa.
Cajeta: Dulce de leche de cabra y azúcar.
Cake: Pastel, torta.
Calabacines: Calabacitas, chauchitas, zucchini.
Calabacitas: Calabacines, chauchitas, zucchini.
Calabaza: Anday, auyama, sambo, zapallo.
Calamar: Chipirón, sepia.
Callampa: Champignon, hongo, seta.
Callos: Librillo, menudo, mondongo, panza, tripas.
Camarón: Crustáceo marino de pequeño tamaño. Gamba, quisquilla.
Cambur: Amarillo, banano, plátano.
Camote: Batata, boniato, ñame, papa dulce.
Cancha: Ancua, maíz frito, pororó, rositas de maíz.
Cangrejo: Crustáceo comestible, jaiba.
Caña: Alcohol de caña de azúcar, bebida argentina.
Cañón: Bollito, capón, corte de res, muchacho.
Capear: Rebozar.
Capón: Bollito, cañón, corte de res, muchacho.
Caraota: Alubia, faba, fréjol, frijol, guandú, judía, poroto.
Cari: Curry.
Carne seca: Cecina, tasajo.
Carota: Azanoria, zanahoria.
Casabe o cazabe: Harina resultante de rallar la yuca o la mandioca.
Cayote: Especie de sandía.
Cazón: Atún, pescado grande de mar, tiburón, tuna.
Cebiche: Pescado marinado en limón y otros ingredientes.
Cebolla cabezona: Cebolla de huevo.
Cebolla de huevo: Cebolla cabezona.
Cebolla de verdeo: Cebollín, cebollina.
Cebolla en rama: Cebolla junca, cebolla larga.
Cebolla junca: Cebolla larga, cebolla en rama.
Cebolla larga: Cebolla junca, cebolla en rama.
Cebollín: Cebolla de verdeo, cebollina.
Cebollina: Cebolla de verdeo, cebollín.
Cecina: Carne seca, tasajo.
Celeri: Apio.
Cerdo: Cochino, chanco, chancho, puerco.
Cilantro: Condimento, coriandro, culantro.
Cocer: Hervir, cocinar.
Cocoa: Cacao, chocolate.
Cochino: Cerdo, chanco, chancho, puerco.
Cohombrillo: Cohombro, pepino.
Cohombro: Cohombrillo, pepino.
Col: Berza, repollo, taioba.
Col roja: Lombarda.
Colí: Variedad de plátano pequeño.
Coliflor: Brécol, brócoli.
Color: Achiote, axiote, azafrán, bijol, onoto, pimentón.
Comal: Gran plato de cerámica o metal para cocinar tortillas, semillas y granos.
Concha: Almeja, ostión, ostra.
Condimento: Cilantro, coriandro, culantro.
Conguito: Ají picante, chilcote, chile, guindilla, ñora, pimiento picante.
Cordero: Borrego, oveja.
Coriandro: Cilantro, condimento, culantro.
Cortezas: Cueros de cerdo, chicharrón.
Corvina: Merluza.
Costeleta: Costilla, chuleta.
Costilla: Costeleta, chuleta.
Coyocho: Nabo, papanabo.

Criadillas: Testículos de toro u otro animal.
Croco: Azafrán, brin.
Cuajada: Requesón.
Cuete: Parte del muslo de la res, algo dura.
Culantro: Cilantro, condimento, coriandro.
Curry: Cari.
Chabacano: Albaricoque, damasco.
Chala: Hoja que envuelve la mazorca de maíz, panca.
Chambarete: Morcillo.
Champignon: Callampa, hongo, seta.
Chancaca: Panela, piloncillo, raspadura.
Chanco: Cerdo, cochinillo, chancho, puerco.
Chancho: Cerdo, cochinillo, chanco, puerco.
Chaucha: Ejote, habichuela, judía verde, vainita.
Chicozapote: Fruta costeña, grande y carnosa, de pulpa amarilla y muy dulce. Zapote.
Chícharos: Alverjas, arvejas, guisantes.
Chicharrón: Cortezas, cueros de cerdo.
Chifles: Rodajas delgadas de plátano verde, fritas hasta quedar crujientes.
Chilaquiles: Tortillas.
Chilcosle: Chile oaxaqueño, también conocido como chile amarillo.
Chilcote: Ají picante, conguito, chile, guindilla, ñora, pimiento picante.
Chile: Ají picante, conguito, chilcote, guindilla, ñora, pimiento picante.
Chile amarillo: Chilcosle, chile oaxaqueño.
Chile de Oaxaca: Chilhuacle.
Chile dulce: Ají dulce, pimiento o chile morrón, no picante, pimentón.
Chile oaxaqueño: Chilcosle, chile amarillo.
Chilhuacle: Chile de Oaxaca.
Chilote: Choclo, elote, jojoto, mazorca tierna de maíz.
Chipirón: Calamar, sepia.
Chivo: Cabrito.
Choclo: Chilote, elote, jojoto, mazorca tierna de maíz.
Chocolate: Cacao, cocoa.
Chontaduro: Cachipai.
Chorizo: Butifarra, salchicha.
Choro: Mejillón, moule.
Chuchi: Aguacate, avocado, palta.
Chuleta: Costeleta, costilla.
Chumbera: Higo chumbo, nopal.
Chuño: Almidón de maíz, fécula de maíz, maicena.
Damasco: Albaricoque, chabacano.
Despojos: Achuras, menudos.
Durazno: Abridero, gabacho, melocotón, pavia.
Ejote: Chaucha, habichuela, judía verde, vainita.
Elote: Chilote, choclo, jojoto, mazorca tierna de maíz.
Empanada: Guiso o manjar cubierto con masa.
Enchiladas: Tortillas.
Faba: Alubia, caraota, fréjol, frijol, guandú, judía, poroto.
Falda: Sobrebarriga, zapata.
Fariña: Harina de mandioca.
Fécula de maíz: Almidón de maíz, chuño, maicena.
Fideo: Pasta, tallarín.
Frango: Pollo.
Frangollo: Maíz molido.
Fréjol: Alubia, caraota, faba, frijol, guandú, habichuela, judía seca, poroto.
Fresa: Fresón, frutilla, madroncillo, morango.
Fresón: Fresa, frutilla, madroncillo, morango.
Frijol: Alubia, caraota, faba, fréjol, guandú, habichuela, judía seca, poroto.
Frutilla: Fresa, fresón, madroncillo, morango.
Fruto del nogal: Nuez criolla, tocte.
Gabacho: Abridero, durazno, melocotón, pavia.

Gambas: Camarones, quisquillas.

Gandules: Lentejas.

Ganso: Oca.

Garbanzo: Mulato.

Guacamole: Puré de aguacate.

Guacamote: Mandioca, raíz comestible, yuca.

Guachinango: Huachinango, pargo, sargo.

Guajalote: Pavo.

Guanábana: Fruta parecida a la chirimoya, pero más grande.

Guandú: Alubia, caraota, faba, fréjol, fríjol, judía, poroto.

Guascas: Hierbas de cocina de Cundinamarca.

Guayaba: Arasa.

Guindilla: Ají picante, conguito, chilcote, chile, ñora, pimiento picante.

Guineo: Plátano pequeño.

Guisantes: Alverjas, arvejas, chícharos.

Guiso: Ahogado, hogado, hogao, hogo, refrito, riojo, sofrito.

Haba: Faba.

Habichuelas: Chaucha, ejote, judía verde, vainita.

Harina de mandioca: Fariña.

Harina de yuca: Almidón de mandioca.

Hervir: Cocer, cocinar.

Hierbabuena: Menta.

Higo: Breva.

Higo chumbo: Chumbera, nopal.

Hogado: Ahogado, guiso, hogao, hogo, refrito, riojo, sofrito.

Hogao: Ahogado, guiso, hogado, hogo, refrito, riojo, sofrito.

Hogo: Ahogado, guiso, hogado, hogao, refrito, riojo, sofrito.

Hojas de achira: Hojas anchas para envolver tamales.

Hojas de maíz: Chalas, pancas.

Hongo: Callampa, champignon, seta.

Huacal: Caparacho de un ave.

Huachinango: Guachinango, pargo, sargo.

Huitlacoche: Hongo negro que nace en la mazorca de maíz.

Humitas: Tamales de choclo (maíz tierno).

Ingredientes: Aperitivo, botana, pasabocas, tapas.

Jaiba: Cangrejo, crustáceo comestible.

Jitomate: Tomate.

Jojoto: Chilote, choclo, elote, mazorca tierna de maíz.

Jora: Maíz germinado para fermentar.

Judías: Alubia, caraota, faba, fréjol, fríjol, guandú, poroto.

Judías verdes: Chaucha, ejote, habichuela, vainita.

Langosta: Bogavante, cabrajo.

Lechón: Cochinillo, lechonceta.

Lechonceta: Cochinillo, lechón.

Lechosa: Mamón, papaya.

Lentejas: Gandules.

Librillo: Callos, menudos, mondongo, panza, tripas.

Lima: Cítrico, perfumado y dulce.

Lisa: Mújol.

Lombarda: Col roja.

Lomo: Lomo fino, solomo, solomito.

Lomo fino: Lomito, solomo, solomito.

Lomo: Solomillo.

Lulo: Fruto ácido, de pulpa cristalina y verdosa. Naranjilla.

Madroncillo: Fresa, fresón, frutilla, morango.

Maicena: Almidón de maíz, chuño, fécula de maíz.

Maíz frito: Ancua, cancha, pororó, rositas de maíz.

Maíz germinado para fermentar: Jora.

Maíz molido: Frangollo.

Maíz tierno: Chilote, choclo, elote, jojoto, mazorca.

Mamón: Becerra, temera.

Mandarina: Tanjarina.

Mandioca: Guacamote, yuca.

Maní: Cacahuate, cacahuet, cacahuete.

Manos: Patas de res o cerdo, patitas.

Manteca de la leche: Mantequilla.

Mantequilla: Manteca de la leche.

Mazorca tierna de maíz: Chilote, choclo, elote, jojoto.

Mejillón: Choro, moule.

Melado: Melao, miel de panela.

Melao: Melado, Miel de panela.

Melocotón: Abridero, durazno, gabacho, pavia.

Menta: Hierbabuena.

Menudo: Callos, librillo, mondongo, panza, tripas.

Merluza: Corvina.

Mezcal: Poderoso aguardiente destilado de una variedad de maguey.

Miel de panela: Melado, melao.

Mixiote: Hojas del maguey, usada para envolver alimentos y cocinarlos al vapor.

Mojito: Abadejo, bacalao, reyezuelo.

Molcajete: Mortero de piedra.

Mondongo: Callos, librillo, menudo, panza, tripas.

Morango: Fresa, fresón, frutilla, madroncillo.

Morcilla: Moronga.

Morcillo: Chambarete.

Moronga: Morcilla.

Mortero de piedra: Molcajete.

Moule: Choro, mejillón.

Muchacho: Bollito, bollo, cañón, capón, corte de res.

Mújol: Lisa.

Mulato: Garbanzo.

Nabo: Coyocho, papanabo.

Naranjilla: Fruto ácido, de pulpa cristalina y verdosa. Lulo.

Nopal: Chumbera, higo chumbo.

Nuez criolla: Fruto del nogal, tocte.

Ñame: Batata, boniato, camote, papa dulce.

Ñora: Ají picante, conguito, chilcote, chile, guindilla, pimiento picante.

Oca: Ganso.

Olivas: Aceitunas.

Onces: Comida que se hace tarde por la mañana.

Onoto: Achiote, axiote, color, pimentón.

Ostión: Almeja, concha, ostra.

Oveja: Borrego, cordero.

Paila: Cazuela de bronce.

Palta: Aguacate, avocado, chuchi.

Pan blanco: Bolillo.

Pan de yuca: Casabe, maíz.

Pancas: Chalas, hojas de maíz.

Panceta: Bacón, tocineta, tocino.

Panela: Chancaca, piloncillo, raspadura.

Panza: Callos, librillo, menudo, mondongo, tripas.

Papa dulce: Batata, boniato, camote, ñame.

Papa: Patata.

Papachina: Raíz comestible (nativa del Ecuador).

Papanabo: Coyocho, nabo, raíz, tubérculo parecido al rábano blanco.

Papaya: Fruto del papayo, mamón, similar al melón.

Pargo: Guachinango, huachinango, sargo.

Pasabocas: Aperitivo, botana, ingredientes, tapas.

Pasas: Uvas secas.

Pasiflora: Burucuyá, pasionaria.

Pasionaria: Burucuyá, pasiflora.

Pasta: Fideo, tallarín.

Pastel: Cake, torta.

Patas de res o cerdo: Manos, patitas.

Patata: Papa.

Patitas: Manos, patas de res o cerdo.

Pavia: Abridero, durazno, gabacho, melocotón.

Pavo: Guajalote.

Peperrone: Ají dulce, pimentón, pimiento.

Pepino: Cohombrillo, cohombro.

Piloncillo: Chancaca, panela, raspadura.

Pimentón: Achiote, axiote, bijol, color, onoto.

Pimiento: Ají dulce, peperrone, pimentón.

Piña: Abacaxi, ananá.

Pipián: Salsa hecha a partir de semillas de calabaza.

Pisco: Aguardiente de uva.

Plátano: Amarillo, banano, cambur, colí, guineo.

Pollo: Frango.

Pomelo: Toronja.

Poro: Puerro.

Pororó: Ancua, cancha, maíz frito, rositas de maíz.

Poroto: Alubia, faba, fréjol, fríjol, judía seca.

Puerco: Cerdo, cochinillo, chanco, chancho.

Puerro: Poro.

Pulque: Bebida popular ligeramente alcohólica, obtenida de la fermentación del aguamiel, o sea el jugo del maguey.

Quimbombó: Ocra, quingombó.

Quisquillas: Camarones, gambas.

Raspadura: Chancaca, panela, piloncillo.

Rebozar: Capear.

Refrito: Ahogado, guiso, hogado, hogao, hogo, riojo, sofrito.

Remolacha: Betabel, beterraba, beterraga.

Repollo: Berza, col, taioba.

Requesón: Cuajada.

Reyezuelo: Abadejo, bacalao, mojito.

Riojo: Ahogado, guiso, hogado, hogao, hogo, refrito, sofrito.

Rompope: Nutritiva bebida preparada con yemas, azúcar y leche, con algún vino generoso.

Sábalo: Pez típico de las aguas de Campeche.

Salchicha: Butifarra, chorizo.

Sambo: Anday, auyama, calabaza, zapallo.

Sargo: Guachinango, huachinango, pargo.

Sémola: Trigo quebrado muy fino. En América se hace también de maíz.

Sepia: Calamar, chipirón.

Sésamo: Ajonjolí.

Sobrebarriga: Falda, zapata.

Sofrito: Ahogado, guiso, hogado, hogao, hogo, riojo, refrito.

Soja: Soya.

Solomillo: Lomo.

Solomito: Lomito, lomo fino, solomo.

Solomo: Lomito, lomo fino, solomito.

Soya: Soja.

Taco: Tortillas.

Taioba: Berza, col, repollo.

Tallarín: Fideo, pasta.

Tamales de choclo (maíz tierno): Humitas.

Tanjarina: Mandarina.

Tapa: Aguayón, cadera.

Tapas: Aperitivo, botana, ingredientes, pasabocas.

Tasajo: Carne seca, cecina.

Telas: Arepas de maíz muy delgadas y blandas.

Ternera: Becerra, mamón.

Tiburón: Atún, cazón, pescado grande de mar, tuna.

Tocineta: Bacón, panceta, tocino.

Tocte: Fruto del nogal, nuez criolla.

Tomate: Jitomate.

Toronja: Pomelo.

Torta: Cake, pastel.

Tripas: Callos, librillo, menudo, mondongo, panza.

Tuna: Atún, cazón, pescado grande de mar, tiburón.

Tusa: Corazón no comestible de la mazorca usada para encender fuego o como abrasivo doméstico.

Uvas secas: Pasas.

Vainitas: Chaucha, ejote, habichuela, judía verde.

Yautía: Tubérculo consumido sobre todo en la zona de las Antillas.

Yuca: Guacamote, mandioca.

Zanahoria: Azanoria, carota.

Zapallo: Anday, auyama, calabaza, sambo.

Zapata: Falda, sobrebarriga.

Zapote: Fruta costeña, grande y camosa, de pulpa amarilla y muy dulce. Chicozapote.

Zucchini: Calabacines, calabacitas, chauchitas.

Indice de recetas

Agua de Jamaica, 18
Agua de limón, 18
Aguacates rellenos de callo de hacha, 152
Aguayón con hongos, 155
Alas con mostaza, 96-97
Arroz a la mexicana, 62-63
Arroz al estilo costeño, 149
Arroz verde, 66-67
Atole blanco, 156

Bacalao campechano, 76-77
Berenjenas empanizadas, 148
Bisteces enrollados, 112-113
Bolas de carne con betabel, 118-119
Botana de chicharrón, 144
Brochetas de cordero al tequila, 114-115
Budín de calabacitas, 64-65
Buñuelos a la Veracruzana, 156

Cabrito en cerveza, 110-111
Caldo Tlalpeño, 143
Camarones a la mexicana, 152
Carne a la tampiqueña, 155
Carnitas Aguascalientes, 106-107
Cebiche de huachinango, 152
Cebiche de pargo, 82-83
Coco con mariscos, 86-87
Costillas en salsa verde, 154
Crepas con cajeta, 157
Cuete mechado, 116-117

Chalupas de pollo, 145
Chilaquiles rojos con pollo, 32-33
Chileajo, 149
Chiles en nogada, 72-73

Durazno merengado, 132-133

Empanadas de cazón, 145
Enchiladas de camarón, 145
Enchiladas rojas, 38-39
Ensalada de espinacas, 148
Esmeralda, 19

Filetes de pescado empapelado, 78-79
Flautas, 48-49

Fríjoles borrachos, 58-59
Fríjoles con salchichas, 68-69
Fríjoles maneados, 148

Gelatina de guayaba, 126-127
Guacamole, 44-45
Guajolote en escabeche, 153

Habichuelas con cebolla y tomate, 149
Higaditos al chipotle, 153
Horchata de arroz, 18
Huachinango con alverjas y ostras, 150
Huevos a la oaxaqueña, 147
Huevos ahogados, 54-55
Huevos con atún, 52-53
Huevos "Rabo de Mestiza", 147
Huevos rancheros, 56-57
Huevos reales, 120-121
Huevos rellenos, 147

Jamoncillo de nuez, 122-123

Lentejas con espinazo, 70-71
Lomo al pulque, 104-105

Manchamanteles, 108-109
Margarita, 19
Marquesote, 124-125
Merengues al pulque, 134-135
Mero al mojo isleño, 151
Mixiotes, 154
Mole amarillo, 154
Mole coloradito, 102-103
Molotes poblanos, 144
Molletes, 146
Mousse de tequila, 156

Naranjas en almíbar, 128-129
Nieve de melón, 130-131

Ostiones al horno, 80-81
Ostiones en escabeche, 150

Pámpano con cerveza, 151
Pan de muerto, 157
Papatzules yucatecos, 144
Perones borrachos, 140-141
Pescado a la Veracruzana, 90-91

Pescado almendrado, 88-89
Pescado en salsa poblana, 151
Pez vela con jitomate, 84-85
Picadillo de cazón, 74-75
Pichones jalisco, 100-101
Pollo en estofado, 98-99
Pollo en pipián, 153
Pozole, 28-29

Quesadillas de huitlacoche, 146

Rollo de carne, 155
Rompope, 18
Rosca de camarones, 92-93
Rosca de fríjol, 60-61

Salpicón de jaiba, 150
Salsa borracha, 16
Salsa chipotle con queso de Oaxaca, 17
Salsa de cacahuate, 16
Salsa de chile de árbol, 17
Salsa diablo, 16
Salsa mexicana, 16
Salsa roja picante, 17
Salsa verde picante con aguacate, 17
Sopa de flor de calabaza, 143
Sopa de fríjol, 142
Sopa de lima, 30-31
Sopa de ostiones, 26-27
Sopa de pan, 143
Sopa de tortilla, 142
Sopa de verduras, 24-25
Sopa seca de chilaquiles, 142
Sopa verde, 22 -23
Soufflé de mandarina, 138-139

Tacos al pastor, 146
Tacos de chorizo y papa, 34-35
Tacos de machaca, 46-47
Tacos de pollo, 40-41
Tacos de tártara, 42- 43
Tamales chiapanecos, 50-51
Tambores de coco, 136-137
Tequila con sangrita, 19
Tequila sunrise, 19
Torrejas, 157
Tortitas de tuétanos, 36-37
Truchas en caldillo, 94-95